FRANCIS DEPAS

PATRIMOINE ARCHITECTURAL ET RECONVERSIONS EN ÎLE-DE-FRANCE

GUIDE DE DECOUVERTE DE 76 LIEUX ORIGINAUX DANS PARIS ET SA RÉGION

© 2025 FRANCIS DEPAS
Édition : BoD · Books on Demand, 31 avenue Saint-Rémy, 57600 Forbach,
bod@bod.fr
Impression : Libri Plureos GmbH, Friedensallee 273, 22763 Hamburg
(Allemagne)
ISBN : 978-2-8106-2948-0
Dépôt légal : Mai 2025

SOMMAIRE

PRÉAMBULE

PARIS

3

4

VAL-DE-MARNE 94

VAL-D'OISE 95

Biographies Express

Tableaux de synthèse

PRÉAMBULE

La reconversion patrimoniale consiste à restaurer, réhabiliter ou transformer des bâtiments remarquables par leur architecture, leur importance économique, leur histoire, afin de les préserver, les valoriser et leur donner un nouvel usage.

Au-delà des quelques réaffectations de locaux que l'on pouvait observer dans les années 1970 cette démarche s'est amplifiée et a évolué au cours des décennies suivantes. Les réhabilitations complètes d'anciens édifices sont même devenues habituelles. Les plus prestigieuses d'entre elles sont conduites par les cabinets d'architecture, en lien avec les élus et les Bâtiments de France, avec le concours d'historiens, d'économistes, d'ingénieurs ou d'urbanistes.

La préservation de cet héritage peut s'accompagner d'avantages déterminants comme l'accroissement de la rentabilité économique (grâce à la conservation du gros œuvre ou des façades par exemple...), la diminution des délais de mise en place des projets, la réduction de l'empreinte carbone ou le maintien de l'emploi. Des subventions importantes (jusqu'à 40%) sont accordées par le ministère de la Culture (la Drac) sur le coût des travaux de restauration de lieux inscrits ou classés aux monuments historiques en fonction de la complexité technique des chantiers et de la réglementation stricte qui leur est applicable.

Les usines construites à la fin du 19° siècle à Paris et dans sa proche banlieue ont été à maintes occasions sujettes à des reconversions. La réhabilitation d'un certain nombre de ces bâtiments industriels (parfois fort dégradés) a permis le maintien d'une activité économique (conversions en bureaux notamment) toutefois la plupart d'entre eux ont été transformés en espaces culturels, en écoles ou en immeubles résidentiels.

Ces changements d'usages concernent aussi des hangars, entrepôts, halles de marchés, distilleries, imprimeries ou chaudronneries, des gares, des stations électriques, des moulins et dans des domaines très différents, des casernes, des prisons, des séchoirs, des silos, des piscines et même des églises...

Pour les illustrer nous avons sélectionné 76 sites en Île-de-France, dont 23 à Paris.

Voici leur histoire.

PARIS

Introduction

Un grand nombre de reconversions architecturales ou fonctionnelles ont concerné les ateliers et anciennes usines de l'est de la capitale ainsi que des gares abandonnées et des friches ferroviaires (voir nota ci-dessous). Plusieurs gares de l'oubliée Petite Ceinture en font partie. Outre la gare Boulevard d'Ornano (voir page 25) citons la gare Auteuil-Boulogne et la gare de La Muette transformées en restaurants ou la gare de Vaugirard-Ceinture devenue espace de coworking. Les anciens entrepôts de messagerie Freyssinet* (page 21) et Pajol (page 27) ont une histoire qui mérite d'être connue, ainsi que les Frigos (page 20) ou, à une autre échelle, la gare d'Orsay, devenue un musée prestigieux de renommée mondiale (page 10).

Parmi la multitude et la variété des sites parisiens reconvertis, relevons La Gaîté Lyrique rue Papin dans le 3° : le bâtiment construit en 1862 (qui abrite une salle de 1 800 places) a été laissé à l'abandon des années 1980 à 2000 avant d'être transformé en espace dédié à l'exploration des cultures numérique et post-Internet. Citons l'ancien immeuble commercial de la marque belge « 100 000 chemises » devenu commissariat de police du 10° arrondissement, le magasin fin de siècle « Aux classes laborieuses », un temps annexe du camp de Drancy, repris par Lévitan puis par l'agence BETC dans le faubourg Saint-Martin, la médiathèque Françoise-Sagan, construite sur les vestiges de l'ancien hôpital Saint-Lazare, l'ancienne église de Saint-Martin-des-Champs où sont présentés aux visiteurs le pendule de Foucauld et les collections du Cnam, l'église Sainte-Rita de la rue François-Bonvin (dans laquelle étaient bénis des animaux) dorénavant espace de coworking et d'escalade, la cité ouvrière et artisanale Clémentel du quai de Jemmapes devenue hôtel d'entreprises du secteur tertiaire, la piscine Lutétia de la rue de Sèvres (une merveille architecturale construite par Lucien Béguet en 1935), transformée en Concept Store de la marque Hermès en 2010, la Société des Cendres rue des Francs-Bourgeois, devenue magasin de la marque Uniqlo, l'ancien Grand Cinéma Buzenval de la rue d'Avron occupé par un supermarché, la coopérative ouvrière de consommation La Bellevilloise, rue Boyer, convertie en salle de concert et d'exposition, la laiterie Maggi du boulevard d'Ornano convertie en logements sociaux et commerces ou l'immense entrepôt Macdonald (617 mètres de long sur 5,5 ha), scindé en deux et métamorphosé en logements, commerces et bureaux sur plusieurs dizaines de milliers de m².

Plusieurs centrales ou sous-stations électriques ont également fait l'objet de reconversions comme la sous-station Voltaire (page 13) qui accueille un centre culturel alternatif, ou l'usine d'air comprimé du quai de la Gare (page 17) devenue École supérieure d'architecture. Rue Récamier, l'Espace Fondation EDF est également installé dans une des ex sous-stations de la Compagnie parisienne de distribution.

NB : Trois projets architecturaux portant sur des friches ferroviaires parisiennes vont bien au-delà de la simple reconversion et concernent l'aménagement urbain. Dans le 18° arrondissement : Le Jardin des Mécanos, dans le quartier Ordener-Poissonnier, et le site Hébert, entre la porte de la Chapelle et la porte d'Aubervilliers. Dans le 12° : Les Messageries, quartier gare de Lyon-Daumesnil.

Avenue Denfert-Rochereau, le projet de transformation du site de l'ancien hôpital Saint-Vincent-de-Paul (3,4 hectares) en écoquartier prévoit la réhabilitation et la reconversion en logements et commerces de près des deux tiers de ses bâtiments et cours intérieures.

Les * renvoient aux biographies express page 100.

1 - Le Carreau du Temple.
Faire plus que son marché.
4, rue Eugène-Spuller – 3°

Depuis 2014 deux des anciens pavillons du Carreau du Temple, réunis en une halle commune, abritent un espace polyvalent sportif et culturel.

Sur le site de l'ancien enclos fortifié de l'ordre des Templiers puis d'un marché ouvert au début du 19ème siècle dans des hangars de bois, des halles (six pavillons en métal, verre et brique) sont construites en 1863 par Jules de Mérindol* entre l'actuelle rue du Temple, où se trouvait leur entrée principale, et la rue de Picardie. Elles accueilleront jusqu'à 2 000 marchands.

En 1905, après un certain déclin de ce marché (malgré l'organisation en ces lieux de la première foire de Paris un an plus tôt), les quatre pavillons qui longent le square du Temple sont détruits. Quelques années plus tard des logements sociaux construits rue de Picardie viendront encore réduire la surface de l'un des deux pavillons restants.

Autour de 1920 y sont organisés des activités sportives (tennis, patin à roulettes…). Après la guerre, le site devient une vaste friperie. Un millier de marchands y vendront habits et tissus avant que l'activité ralentisse à nouveau avec le développement du prêt à porter.

A l'issue d'une vaste consultation citoyenne et d'un concours d'architecture le Studio Milou Architecture est choisi en 2007 pour la réhabilitation des dernières structures du Carreau du Temple inscrites à l'inventaire des monuments historiques en 1982 et de ce fait sauvées de la destruction. Le projet prévoit la réalisation, sur 4 000 m² et deux niveaux, d'une monumentale salle d'exposition (la grande halle de 1 840 m² dotée de gradins escamotables peut accueillir jusqu'à 2 000 personnes), d'un auditorium de 250 places, d'un bar et d'espaces réservés aux activités sportives ou culturelles. La structure métallique d'époque est mise en valeur autour de boiseries en chêne avec une attention spéciale portée à l'éclairage.

Chaque semaine sont programmés plusieurs évènements culturels ou sportifs : ateliers, concerts, débats ou rencontres, festivals, spectacles, occasionnellement salons et défilés de mode. Une cinquantaine d'associations organisent toute l'année des cours de danse, bien-être, fitness, musique, sports de combats… et des écoles viennent pratiquer des activités sportives et périscolaires.

Le Carreau du Temple est ouvert du lundi au samedi de 10 h à 21 h.

2 – La gare/le musée d'Orsay.
En voiture pour l'impressionnisme.
Esplanade Valéry-Giscard-d'Estaing – 7°

L'ancienne gare d'Orsay terminée en 1900 est devenue musée d'Orsay en 1986.

L'immense bâtiment a été réalisé entre 1898 et 1900 pour la compagnie du chemin de fer de Paris à Orléans, par l'architecte Victor Laloux qui venait d'achever la construction de la gare de Tours. Sa structure métallique est cachée derrière une impressionnante façade de pierre de style classique tournée vers la Seine et les Tuileries et décorée d'allégories des villes de Nantes, Toulouse et Bordeaux.

La gare et son hôtel Terminus de 370 chambres (fermé en 1973) qui occupait la façade ouest avaient été conçus pour recevoir au cœur de Paris les visiteurs de l'exposition universelle de 1900.

Cependant la guerre et l'évolution du trafic ferroviaire font que sa fréquentation décline jusqu'au début des années 1950. Après avoir servi de lieu de transit des prisonniers revenant de l'Allemagne nazie, l'espace est utilisé comme entrepôt par l'abbé Pierre avant d'accueillir la troupe du théâtre Renaud-Barrault puis l'hôtel des ventes Drouot.

Alors que certains promoteurs se proposaient de racheter le site à la Sncf et de raser le bâtiment pour construire un hôtel de luxe de huit étages, la gare est inscrite à l'inventaire supplémentaire des monuments historiques en 1973. L'idée de sa transformation en musée du 19° siècle, portée par la direction des musées de France est finalement validée par le président Giscard d'Estaing en 1977. Le bâtiment enfin classé est définitivement sauvé.

Les architectes Renaud Bardon, Pierre Colboc, Jean-Paul Philippon du cabinet Act Architecture, Gae Aulenti, architecte d'intérieur et directrice de la muséographie, et le designer Piero Castiglioni qui réalisa l'éclairage, seront les concepteurs de cette renaissance dans le respect de la construction initiale avec préservation intégrale de la nef principale et de sa verrière.

Le musée est construit sur trois niveaux principaux : au rez-de-chaussée les salles d'exposition se répartissent autour de l'allée centrale sur toute la longueur du bâtiment ; au niveau intermédiaire deux balcons donnent sur l'allée centrale en ouvrant sur d'autres salles situées à l'arrière ; les principaux espaces du niveau supérieur forment du côté Seine la Galerie des impressionnistes, avec une vue exceptionnelle à travers la grande horloge sur les Tuileries, le Louvre et Montmartre. Côté parvis, au niveau intermédiaire, un restaurant traditionnel français surplombe la nef et occupe l'ancienne et magnifique salle à manger de l'hôtel, éclairée par des lustres fastueux et décorée par des dorures et des fresques de Gabriel Ferrier et Benjamin Constant.

Depuis son inauguration par le président Mitterrand le 1° décembre 1986 et son ouverture au public huit jours plus tard, le prestigieux musée d'Orsay présente des œuvres de la période 1848 à 1914 : l'essentiel est consacré à la peinture notamment impressionniste et postimpressionniste, à la sculpture et aux arts décoratifs. Des expositions temporaires sont organisées en permanence et le nombre annuel de visiteurs avoisine les quatre millions.

Le musée est ouvert du mardi au dimanche de 9h30 à 18h. Nocturnes le jeudi jusqu'à 21h45.

3 – Le magasin des faïenceries Boulenger/l'Albert School
Tableaux et tablettes.
18, rue de Paradis – 10°

En 1863 un certain Hippolyte Boulenger prend la direction de la petite faïencerie de Choisy-le-Roi à laquelle il va donner son nom en 1878. Quelques années plus tard l'obtention du marché des carreaux biseautés de faïence émaillée des couloirs et des quais du métro parisien en construction va transformer l'entreprise et la faire passer au stade industriel.

Dès 1887 Hippolyte Boulenger décide d'établir son siège social, un entrepôt et un magasin d'exposition à Paris et confie l'étude du projet aux architectes Georges Jacotin et Ernest Brunnarius.

L'entreprise est reprise par son fils Paul en 1892, à la fin de la construction de l'établissement de la rue de Paradis. Entre 1907 et 1912 l'impressionnante façade néo-renaissance (colonnes, portail imposant à triple entrée, baie vitrée en arcade, fronton décoré d'un vase flamboyant...), le vestibule, la conciergerie, la cour et la salle d'exposition, vont être recouverts de tableaux de céramique ou de mosaïque colorée, par le céramiste André J. Arnoux, sur des dessins de Pierre Guidetti et Jean Cuzin. L'ensemble a été classé en 1981.

Les productions de faïence et céramiques vont cesser à Choisy-le-Roi en 1936 et à Montereau en 1955. Cependant la maison Boulenger va renaître dans les années 1960 en s'orientant vers la fabrication et le coulage de revêtements de sol en granulats et résines de qualité.

L'Union Centrale des Arts décoratifs redonne vie à l'immeuble de la rue de Paradis en 1978 avec la création du musée de l'Affiche puis, de 1982 à 1990, lorsqu'il héberge le musée de la Publicité, avant son transfert au musée des Arts décoratifs.

Le couturier Escada y développe un commerce de détail de 2005 à 2010.

À partir de 2011, et pour une dizaine d'années, Le Manoir de Paris (une attraction sous forme de maison hantée par des créatures effrayantes inspirées de légendes parisiennes) s'y installe et attire les foules.

L'Albert School prend la place du Manoir de Paris en 2022. L'école d'ingénieurs est basée sur la maîtrise de l'analyse des données numériques. Elle s'est installée dans une ambiance « start-up et entrepreneuriale » dans un campus de 2 200 m² réhabilité par l'architecte Adrien Raoul (le concepteur de l'École 42 du boulevard Bessières).

Elle comporte notamment 2 salles de réunion, 4 salles de classes de 40 places et un auditorium remarquablement installé sous verrière, entre deux mezzanines, au cœur du bâtiment.

Visites sur demande uniquement.

4 – L'usine électrique du quai de Jemmapes/Exacompta
Voyages de carnets.

132-134, quai de Jemmapes – 10°

En 1895 la Compagnie parisienne d'air comprimé (Cpac) confie à Paul Friesé* la construction d'une centrale thermique le long du canal Saint-Martin notamment pour des raisons logistiques : livraison du charbon par péniche et captation de l'eau pour le fonctionnement des machines à vapeur. D'origine alsacienne Friesé* est ingénieur, architecte et ancien élève des Beaux-Arts. Il a déjà réalisé une installation électrique rue des Dames et conçu d'importants bâtiments industriels comme les papeteries Darblay* et les Grands Moulins de Corbeil à Corbeil-Essonnes (voir page 42).

La première tranche des travaux (qui ne seront jamais poursuivis) sur un terrain relativement étroit de 5 500 m² aboutit en 1896 : en bord de canal un premier bâtiment qui abrite la salle des accumulateurs et les bureaux administratifs, en maçonnerie de pierre et brique intégrant une structure métallique vitrée toute hauteur, à l'arrière duquel s'ajoute un second édifice, l'usine elle-même, grande charpente métallique porteuse en pan de fer apparent et remplissage (hourdage) de briques (elle s'appuie apparemment sur un soubassement en pierre qui va jusqu'à mi-hauteur de la construction) encore plus imposant par sa hauteur, où vont être installés : en rez-de-chaussée, moteurs et dynamos alignés sur 23 travées ; au premier niveau, les chaudières correspondantes ; au second niveau et dans la même disposition : soutes à charbon et réservoirs d'eau. L'ensemble formant ainsi autant de groupes électrogènes. Le bâtiment était coiffé de 9 cheminées gigantesques. Sur son côté était dressé un élévateur à charbon surmonté d'un campanile et d'un phare. Cheminées et élévateur ont été détruits en 1928.

Pourtant en raison de pollutions trop importantes l'activité de production électrique cesse dès 1914/1915.

Plusieurs entreprises vont occuper et remodeler le site en fonction de leurs besoins tout au long du 20° siècle, à commencer par l'entreprise de chaussures Saderne qui va équiper les poilus avant de se reconvertir dans la chaussure de luxe. A la fin des année 1920 le site sert d'entrepôt, notamment de meubles, et de salle de ventes. Vont suivre les société Monod (bouchage) et Labor (confection de vêtements de travail), puis Lévitan (meubles), et des organes de presse.

Enfin, dans les années 1930, le groupe Exacompta investit les lieux et restaure les bâtiments.

De nos jours Exacompta-Clairefontaine et Quo Vadis produisent quai de Jemmapes plus de 3,5 millions d'agendas et de carnets divers par an à partir du papier fabriqué dans les Vosges à Clairefontaine et imprimé à Pantin en Seine-Saint-Denis. C'est la dernière usine de cette importance encore active dans Paris Intra-muros malgré la croissance exponentielle des agendas électroniques.

L'accès du public à l'intérieur de l'usine n'est pas autorisé.

5 - La sous-station Voltaire/Le Consulat

Le courant passe.
14, avenue Parmentier – 11°

L'édifice a été construit en 1908 par Paul Friesé*, déjà concepteur des sous-stations Opéra et Temple et futur concepteur des sous-stations Sèvres et Bastille. Il faisait partie d'une série de trente-six stations électriques de la Compagnie parisienne de distribution d'électricité conçues pour l'alimentation du métro parisien par la conversion du courant alternatif à haute tension de la centrale de Saint-Denis I (voir page 69) en courant continu à basse tension.

La façade, seule partie visible de l'édifice depuis l'avenue, est remarquable par sa structure métallique rivetée entièrement vitrée. Au rez-de-chaussée la hauteur de l'ancienne salle des machines est d'environ 9 mètres et sa superficie dépasse les 500 m². L'étage supérieur abritait les accumulateurs électriques.

Après son transfert à EDF et l'arrêt de son activité le site est racheté par la Ville de Paris. Dans le cadre du projet de 2014 « Réinventer Paris », la municipalité y installe des résidences d'artistes et reloge pour quelques années à partir de 2008 « La Générale » un collectif culturel qui se définit comme étant un « laboratoire artistique, politique et social ».

En 2016 David Henochsberg, exploitant de cinéma, et l'agence Olivier Palatre Architectes emportent l'appel d'offre pour la reconversion du site : création de cinq salles de cinéma, une salle de spectacle vivant, un restaurant, un bar-terrasse, des bureaux et le maintien sur les lieux de La Générale.

La procédure est cependant stoppée par une association de riverains qui demandent l'inscription préalable du site aux monuments historiques afin de renforcer les contraintes de sa préservation.

Le G.A.N.G (Groupe d'Action Néo Green) y parraine actuellement Le Consulat un nouveau centre culturel « alternatif et hybride ». La société Etoile Cinéma Voltaire détentrice d'un permis de construire de 2022 compte encore faire aboutir son projet et prévoit une ouverture en 2026.

Plusieurs autres sous-stations parisiennes ont été transformées ces dernières années : Sèvres, rue Récamier, est occupée par la Fondation EDF, Temple, rue Jacques-Louvel-Tessier, par Emmaüs, Opéra abrite des bureaux de la RATP.

Le Consulat est ouvert du mardi au samedi de 18h à 2H.

6 – L'usine Spring Court
En marche vers le succès.
Impasse Piver - 5, passage Piver – 11°

Pour rester français après la guerre de 1870, Théodore Grimmeisen, tonnelier de son état, quitte son Alsace natale et vient s'installer en bas de Belleville pour ouvrir une petite usine de production d'accessoires de voiture et de bouchons de tonneaux en caoutchouc.

En 1930 son fils Georges invente la botte Colibri, une botte en caoutchouc moulée d'une seule pièce, puis étend la fabrication aux chaussures et singulièrement six ans plus tard à la chaussure de tennis Spring Court faite de toile et de caoutchouc vulcanisé qui va avoir un succès considérable grâce à la publicité que lui feront des artistes stars tels Gainsbourg ou John Lennon (qui en portera pour son mariage avec Yoko Ono).

L'usine occupe alors tout le pâté de maison entre les rues du Faubourg-du-Temple, Saint-Maur et de l'Orillon.

Dans les années 1980 la fabrication est délocalisée en Thaïlande. Le siège demeure en place mais l'usine est complètement réhabilitée notamment par la suppression d'étages et de murs intermédiaires pour agrandir l'espace et depuis lors, louée à des agences de publicités, d'architecture, des éditeurs ou des studios photographiques.

Aux manettes aujourd'hui chez Spring Court, la cinquième génération Grimmeisen a repris le flambeau et revendique 25 millions de paires vendues dans le monde depuis les années 1930.

Derrière la grille (grand portail en métal), une belle verrière. Au sol une large plateforme en bois qui servait au pesage des marchandises. De part et d'autre de la cour intérieure, les bâtiments construits à la fin du 19ème siècle : structures métalliques avec allèges en briques repeintes en blanc.   Sur la gauche une ancienne balance et, servant de décor dans l'entrée des Studios de l'Usine, une porte coupe-feu fabriquée à l'époque...rue de la Pompe !

Au fond, dans la cour intérieure, des bâtiments reconstruits après un incendie dans les années 1930 : béton armé et briques également repeintes en blanc.

Le site est ouvert du lundi au samedi de 8h à 20h.

7 – La Maison Couesnon/la Maison des Métallos
On connaît la musique.
94, rue Jean-Pierre-Timbaud – 11°

L'ensemble industriel qui porte le nom de Maison des Métallos depuis 1937 a été construit en 1881 par l'architecte Nanteuille pour la fabrication d'instruments de musique. C'est « un ensemble de six bâtiments principaux répartis symétriquement le long d'une allée menant à une cour, derrière laquelle se dresse la façade du bâtiment principal, « l'hôtel industriel » » (cf : Thomas Leroux Le patrimoine industriel à Paris entre artisanat et industrie : le facteur d'instruments de musique Couesnon dans la Maison des métallos (1881-1936). Le Mouvement Social 2002/2 n°199.). « L'hôtel industriel » abrite une halle métallique de plus de 600 m² vitrée en partie haute, typique de l'époque, située à l'arrière, et donc non visible depuis la cour.

Entre 1881 et 1900 et grâce à l'utilisation de machines à vapeur l'essor de la Maison Gautrot puis Couesnon (à partir de 1888) est fulgurant. Son patron André Couesnon qui va devenir député quelques années plus tard et qui fut l'un des premiers à instaurer la participation des ouvriers, en fait une entreprise qui va rester leader dans le monde entier jusqu'à la crise de 1929. Elle vend notamment matériels d'orchestre, accessoires de batteries, saxophones, banjos et instruments spéciaux de jazz-band.

En 1936 l'usine est vendue à l'Union Fraternelle de la Métallurgie (une branche de la CGT) et la nouvelle Maison des Métallurgistes devient l'épicentre du syndicalisme parisien.

En 1997 l'UFM souhaite se désengager. Les façades et toitures sont classées en 2000, et la municipalité reprend le site en 2001 pour éviter sa revente à des promoteurs et une disparition programmée.

En 2007, après 22 mois de chantier, le site est devenu Établissement Culturel de la Ville de Paris grâce à la restructuration opérée par Vincent Brossy du Cabinet B+A Architectes (voir l'usine des Eaux d'Auteuil page 24). Les structures principales des bâtiments ont été conservées : plusieurs salles de spectacle ou de rencontres ont été créées, des studios, un bar : le Café des Métallos. Le public (45 000 personnes chaque année) peut assister à des représentations théâtrales, des concerts, des expositions et participer à des ateliers ou des fêtes de quartier.

En 2014 la Maison des Métallos a pris le statut d'Établissement public de coopération culturelle. Sur le portail une lyre évoque le passé musical des lieux.

la Maison des Métallos est ouverte du mardi au samedi de 14h à 18h.

8 – Les entrepôts de Bercy
Qu'importe le flacon…
Rue, boulevard et quai de Bercy, rue Baron-le-Roy et avenue des Terroirs-de-France – 12°

L'histoire des entrepôts de Bercy commence au début du 18° siècle lorsque Louis XIV lève l'octroi sur le vin dans cette petite commune des bords de Seine alors lieu de villégiature de l'aristocratie parisienne au sud-est de Paris.

Les premiers entrepôts ont été construits en 1825 par le baron Louis, ancien ministre des finances de Louis XVIII et propriétaire des lieux depuis 1810. Au milieu du 19° siècle l'activité vinicole occupe 40 hectares entre l'actuel Parc Omnisport et l'actuel Bercy Village.

Bercy est annexée à Paris le 1° janvier 1860. En 1876 la Ville décide de racheter l'ensemble des constructions existantes et de faire reconstruire un ensemble cohérent « le Petit Bercy » (entre le boulevard de Bercy et la rue de Dijon au nord) et « Le Grand Bercy » (Cour Saint-Emilion et Pavillons de Bercy) sur les plans du déjà célèbre architecte Viollet-le-Duc, en même temps que les berges de la Seine sont réaménagées. Le « village » de Bercy, quadrillage de ruelles et d'impasses ombragées, est ceint de hautes grilles pour le contrôle des marchandises. Les taxes sur le vin sont rétablies.

Les nouvelles constructions, chais et entrepôts, ont été réalisées par Louis-Ernest Lheureux, un élève de Baltard*, à partir de 1881. Les vins en tonneaux parvenaient

16

de toute la France à Paris par la Seine ou par voie ferrée, en « wagons-foudres », vers l'ancienne gare de la Rapée, dans ce qui était devenu le premier marché vinicole au monde mais aussi un lieu de plaisir où se croisaient ouvriers, artistes, bourgeois et marchands, dans les nombreuses guinguettes et chez les loueurs de barques installés au bord du fleuve. En 1865 la consommation de vin de Paris a été estimée à 3,5 millions d'hectolitres… soit environ 2 hectolitres par habitant et par an !

Dans les années 1960 l'activité décline, les consommateurs préférant les vins fins en bouteille et les appellations d'origine aux assemblages peu qualitatifs de négociants parfois corrompus. Le port de Bercy est condamné et les entrepôts vont longtemps rester à l'abandon.

En 1976 une vaste plan programme de réhabilitation du quartier et de « rééquilibrage de l'est parisien » est engagé entraînant à partir de 1979 la destruction de la quasi-totalité des entrepôts. Le Parc Omnisport est inauguré en 1984, le ministère des finances en 1990, la future Cinémathèque française en 1994 (ce bâtiment est l'œuvre de l'architecte Frank Gehry, il était initialement destiné à héberger le nouveau Centre Américain en remplacement de celui du boulevard Raspail détruit pour créer la Fondation Cartier), le parc de Bercy est aménagé sur 13 hectares entre 1993 et 1997.

Le centre commercial Bercy Village ou Cour Saint-Émilion ouvre au public en 2002 sur 2,5 hectares avec une quarantaine de commerces et de restaurants, et un cinéma. Des deux côtés d'une allée pavée et décorée de rails à wagonnets, les concepteurs architectes Denis Valode et Jean Pistre restaurent et restructurent avec maestria le canevas des chais, bas et mitoyens, construits en pierre début 19°, aux façades caractéristiques, percées d'ouvertures réservées à l'origine au passage des tonneaux.

A l'est de Bercy Village, entre les rues des Pirogues-de-Bercy, Lheureux, Baron-le-Roy et l'avenue des Terroirs-de-France, les anciens entrepôts, construits par Louis-Ernest Lheureux en 1896, ont pris le nom de Pavillons de Bercy. Structures métalliques et pierre meulière et brique en façades. Les bâtiments sont situés de part et d'autre de deux rues pavées parallèles. L'ensemble a parfaitement gardé son aspect fin 19° et héberge aujourd'hui le musée des Arts Forains, le Théâtre du Merveilleux et les Salons Vénitiens. Bercy Village et les Pavillons Lheureux sont les seuls vestiges de ces temps révolus.

Le site de Bercy Village est ouvert en permanence. Les Pavillons de Bercy sont ouverts sur réservation uniquement.

9 – L'usine d'air comprimé du quai de la Gare/l'ENSA
Donner de l'air aux architectes.
3 à 13, quai Panhard-et-Levassor – 13°

A partir de 1879 un certain Victor Popp crée la Compagnie des Horloges Pneumatiques (devenue Compagnie parisienne d'air comprimé en 1887) et met en place à Paris un réseau d'air comprimé au moyen de tuyaux passant par les égouts pour servir au fonctionnement des horloges publiques par impulsions. L'inventivité et les applications de l'utilisation de l'air comprimé sont telles que va être édifiée sur l'ex quai de la Gare, entre 1890 et 1892, par l'architecte Guy le Bris et l'ingénieur Joseph Leclaire, une vaste usine de 5 000 m². Elle est composée de quatre nefs à ossature métallique emplie de briques et de deux impressionnantes cheminées de 46 mètres de haut et de 6,60 mètres de diamètre. La plus haute de ces nefs d'une hauteur de 23 mètres est celle qui demeure aujourd'hui : une magnifique construction avec, visibles sur ses flancs, ces étonnantes poutrelles formant croix de Saint-André. Les trois autres, deux fois moins hautes étaient situées au sud de la première, en direction du pont National.

Dans cette grande nef, la salle des machines, se trouvait un gigantesque assemblage de tuyauterie, pompes à air, cylindres à vapeur, compresseurs… d'une puissance de 10 000 chevaux vapeurs.

En 1949 la Société urbaine de distribution d'air comprimé (Sudac) devient propriétaire de l'usine. Elle s'étend alors sur 13 000 m² et « produisant sa propre force motrice, elle comporte sept chaudières, chauffées au charbon et cinq groupes turbocompresseurs d'une puissance totales de 11 350 kilowatts. » (cf : L'histoire de la Sudac par Tristan de la Broise, Béatrix Celier et Florence Meffre.)

Obsolescence des installations, vétusté du réseau, contraction du marché, décentralisation… en mai 1985 des discussions s'engagent avec la Ville de Paris qui a fait du quartier une zone prioritaire d'aménagement foncier. Elles aboutiront à la fermeture de l'usine en 1994.

Dans le cadre de l'opération « Paris Rive gauche » l'architecte Fréderic Borel va permettre à l'École nationale d'architecture de Paris Val-de-Seine (ENSA) de s'installer à partir de 2007 dans la nef principale réhabilitée (salles d'informatique, laboratoires photos, matériauthèque et bibliothèque) et dans un nouveau bâtiment de 7 étages construit à la place des trois autres nefs (salles de cours et ateliers).

L'une des cheminées est intégrée à l'espace d'accueil. A l'intérieur de celle-ci un escalier en colimaçon mène à des passerelles permettant d'accéder aux deux bâtiments.

A l'extérieur seules les façades du bâtiment de la direction, construit en 1905, ont été conservées.

Entrée dans le hall sur demande à l'accueil en période scolaire du lundi au jeudi de 8h à 22h, le vendredi de 8h à 21h.

10 – La caserne de Lourcine/le campus Lourcine
Du camp au campus.
1, rue de la Glacière et 37, boulevard de Port-Royal – 13°

Dans les années 2010 la caserne de Lourcine occupait les 2,5 hectares de l'îlot situé entre les rues de la Glacière, Saint-Hippolyte, Broca et le boulevard de Port-Royal.

18

Elle était composée de deux corps de logis de casernement de 1875 – le n° 1, rue de la Glacière et le n° 2, en surplomb de la rue Broca -- construits en pierre de taille, moellon et brique, avec une couverture en ardoise, et de deux autres édifices construits dans la seconde partie du 20° siècle au n° 3, rue Saint-Hippolyte et au n° 4, boulevard de Port-Royal, l'ensemble entourant une place d'arme traditionnelle. Ce lieu avait eu une vocation défensive depuis le début de l'ère chrétienne.

Sous la houlette de l'Établissement Public d'Aménagement Universitaire de la région Ile-de-France (Epaurif) et de ses partenaires, notamment les agences d'architecture et d'ingénierie ChartierDalix (Frédéric Chartier et Pascale Dalix) et Elioth, les études de reconversion du site, ont été menées à partir de 2014 dans un esprit de préservation du patrimoine.

D'une part le bâtiment n° 4 a été transformé en une résidence universitaire de 310 chambres, dite « Résidence pour la réussite Lourcine », réservée aux étudiants de première année inscrits dans un établissement universitaire de l'académie de Paris.

D'autre part, dans le cadre du plan Campus, la transformation des bâtiments 1 et 2 s'est achevée en 2019 avec la création de 27 salles de cours, 1500 m² de bureaux de recherche et d'une bibliothèque de 2000 m². De plus, une galerie traversante menant aux bâtiments 1 et 2 et un amphithéâtre de 500 places ont vu le jour à la base du bâtiment n° 3, rue saint Hippolyte (le reste de l'immeuble de logement étant toujours réservé aux militaires).

L'ancienne place d'Arme, redessinée en pente douce vers l'entrée de la galerie traversante, est devenue un jardin paysager dit « Théâtre de Verdure » et sert de lien aux 3 bâtiments du campus Port-Royal Paris I.

Les accès à la résidence étudiante et à l'université ne sont pas autorisés au public.

11 – Les Grands Moulins de Paris/Paris Diderot
Aux cours et au moulin.
5, rue Thomas-Mann et esplanade Pïerre-Vidal-Naquet – 13°

Au sortir de la première guerre mondiale Ernest Vilgrain, sous-secrétaire d'état au ravitaillement dans le gouvernement Clemenceau, crée avec son frère Marcel la société des Grands Moulins de Paris. Il confie à Georges Wybo* (l'architecte des Grands Magasins du Printemps à Paris et du casino et de l'hôtel Royal de Deauville) la conception, sur le quai de la Gare, d'un moulin industriel relié au réseau ferroviaire de Paris-Orléans (Austerlitz) et au réseau fluvial de la Seine, capable de moudre plus de 6 000 quintaux de blé chaque jour. La plus grande minoterie du monde construite en béton armé et bois est inaugurée en 1921. Elle va produire 9 500 quintaux par jour quatre ans plus tard.

Derrière la belle façade de style classique du bâtiment principal se cache une centrale thermique qui produit l'électricité nécessaire aux machines utilisées pour le nettoyage du blé, son épierrage et son ébarbage et à la mouture proprement dite : broyage, sassage et tamisage. Le besoin de stockage de volumes de farine de plus en plus importants entraîne la création de halles spécifiques telle la halle aux Farines, également en béton armé, en 1949, par Denis Honegger un architecte suisse élève d'Auguste Perret et située de l'autre côté de l'esplanade Pierre-Vidal-Naquet.

En 1996 la minoterie transfère son activité à Gennevilliers. Plusieurs bâtiments sont détruits notamment des silos et l'école de boulangerie située sur le quai de la Gare.

Les architectes Rudy Ricciotti pour le bâtiment principal (35 000 m²) et Nicolas Michelin pour la halle aux farines (18 000 m²) sont choisis pour la transformation du site en vue de l'installation de l'Université Paris VII Diderot.

Le bâtiment principal va conserver son campanile, sa structure d'origine de neuf étages et sa toiture d'ardoise. Des ouvertures vont être créées dans les façades aveugles et certains planchers démolis pour accueillir une bibliothèque de 1 400 places et des bureaux.

La halle aux Farines nouvellement aménagée sur 5 étages sous une voûte en berceau, accueille 13 amphithéâtres et 79 salles de travaux dirigés.

L'université Paris-Diderot prend ses quartiers en février 2007. Elle a pris le nom de Paris-Cité en 2020 après sa fusion avec l'université Paris-Descartes et l'Institut de Physique du Globe de Paris.

Les accès à l'université ne sont pas autorisés au public. Seul le campus en libre circulation.

12 – Le 91 quai de la Gare/Les Frigos
Artistes en chambres.
19, rue des Frigos – 13°

Les Frigos (initialement appelés Les Ateliers du 91 quai de la Gare) est un ancien entrepôt frigorifique construit en 1918 en béton armé extrêmement solide, portant 7 tonnes / m², avec des murs de 70 cm composés de 3 épaisseurs de brique de mâchefer et de 20 cm de liège, et des planchers béton intégrant sous une chape rapportée 10 cm de liège. Ici transitèrent durant une cinquantaine d'année après 1921 des produits frais et périssables transportés par la Sncf à destination des halles centrales. Ce qui était alors la gare frigorique de Paris-Ivry était coiffée d'un château d'eau de source, aux allures médiévales, alimentant l'usine à glace du rez-de-chaussée et de 24 chambres froides réparties sur 5 000 m² pour un volume de 17 000 m3. Il reste peu de traces des rails et des quais ferroviaires (noyés sous 7 mètres de remblai en sable rattrapant le niveau de la rue et de l'ancien viaduc de Tolbiac (détruit) pour asseoir les nouveaux immeubles de la ZAC Paris Seine Rive Gauche) qui permettaient aux trains d'entrer dans le bâtiment pour y livrer leurs marchandises ou des tuyaux et des compresseurs à ammoniaque qui produisaient le froid pour conservation. A noter qu'une locomotive à vapeur TY2 de 1930, du modèle ayant servi à la déportation de Juifs en 1942, a été réacheminée en 1994 depuis la Pologne jusqu'au cœur du bâtiment par l'intervention mémorielle d'un artiste des Frigos, Jean-Michel Frouin, et grâce au concours spontané de cheminots européens.

La création du marché de Rungis en 1969 sonne le glas des entrepôts frigorifiques laissés à l'abandon plusieurs années par la Sncf avant d'être partiellement loués au début des années 1980, par des musiciens, des comédiens, des peintres ou des street-artists qui transforment les chambres froides en ateliers. Puis dès 1985 la Sncf loue l'ensemble par lot (tracés à la main sur plan, il n'y avait ni murs de séparation, ni installation électrique, ni réseaux d'eau, ni fenêtres dans la plupart des cas ; les locataires ont tout fait eux-mêmes). Des conventions de loyers précaires sont alors établies mais n'ont toujours pas été pérennisées depuis cette date.

En 1997 le bâtiment a failli disparaitre dans l'incendie complet de sa toiture. Grâce à sa solide constitution, il a pu survivre avec ses occupants (même ceux du dernier étage) pendant une longue période, sous une simple bâche.

La mairie de Paris a racheté le site à Réseau ferré de France en 2003 sans le rénover (mais elle a réalisé les indispensables travaux mise en conformité : incendie, ascenseur).

C'est aujourd'hui une centaine de locataires : architectes, céramistes, costumiers, décorateurs, graphistes, peintres, sculpteurs, photographes, verriers … qui occupent les lieux et en font un pôle incontournable de l'art contemporain à Paris. Des travaux de rénovation ont bien été envisagés par la Ville en 2023, mais à ce jour aucune concertation n'a réellement été mise en place avec les locataires.

Les visites ne sont possibles que lors des journées portes ouvertes en mai ou juin.

13 – La halle Freyssinet/la Station F
Dématérialisation.
Halle Freyssinet - 5, parvis Alan-Turing – 13°

En octobre 2014, Xavier Niel, le fondateur de Free, annonce la création du plus grand « incubateur de jeunes pousses au monde », dans les anciens locaux des messageries de la gare d'Austerlitz qu'il a rachetés quelques mois auparavant en septembre 2013. L'inauguration aura lieu en juin 2017 en présence du président de la République nouvellement élu Emmanuel Macron.

L'immense halle qui porte le nom de son architecte ingénieur Eugène Freyssinet* a été construite entre 1927 et 1929. Freyssinet* est l'inventeur du béton précontraint (dont la résistance est accrue lors de sa fabrication pour mieux résister aux contraintes qu'il devra subir par la mise en tension des armatures métalliques qu'il contient) et déjà concepteur à cette époque de nombreux ponts routiers ou ferroviaires en France.

A l'origine cinq voies ferrées étaient disposées dans cette vaste galerie composée de trois nefs, d'une longueur de 310 mètres, d'une largeur de 72 mètres et d'une hauteur de 23 mètres, suffisante pour l'installation d'un pont roulant pour le traitement des colis. Les voûtes particulièrement minces (elles font entre 5 et 7 cm d'épaisseur) sont supportées par des poteaux disposés dans la longueur tous les 10,25 mètres. Les auvents extérieurs suspendus permettaient les transbordements trains-camions et participent à la solidité de l'ensemble en servant de contrepoids.

Le site géré par la Sernam est resté actif jusqu'en 2006, dans un bon état de conservation générale, puis laissé à l'abandon. Grâce au soutien d'associations de préservation du patrimoine la halle n'a pas été détruite et a même été inscrite à l'inventaire des monuments historiques en 2012.

En 2011, la Sncf l'a donnée à bail à la société Jaulin, « bâtisseur d'évènements » qui va y organiser notamment plusieurs défilés de mode de la Fashion Week. Des premiers travaux de conservation et de rénovation sont alors effectués en matière d'isolation et de sécurité.

En 2014, Xavier Niel confie l'étude et la rénovation de la halle à l'architecte urbaniste Jean-Michel Wilmotte. Avec ses partenaires il va préserver la continuité du lieu et la visibilité des structures d'origine tout en ouvrant le bâtiment sur l'extérieur.

La Station F est organisée en trois pôles répartis sur une surface de plancher de 34 000 m² : « Create » est consacré à l'élaboration des projets dans des espaces polyvalents nommés Villages, « Share » permet les rencontres et le partage numérique avec l'ajout d'un atelier de prototypage et d'un auditorium de 370 places, « Chill » est un espace de restauration et de détente ouvert sur un jardin.

La Station F travaille en partenariat avec des grandes entreprises publiques ou privées et des fonds d'investissement. Elle accompagne chaque année un millier de projets avec un taux de réussite de l'ordre de 90 % et permet ainsi la création de plusieurs milliers d'emplois.

\# Accès limité du lundi au vendredi de 8h à 20h.

14 – L'usine Panhard & Levassor/Sncf
Les roues tournent.
16 avenue d'Ivry – 13°

Avant la construction dans les années 1970 des tours de l'ensemble Massena Italie 1, entre les avenues de Choisy et d'Ivry, l'usine Panhard & Levassor occupait 12 hectares de l'espace urbain, sur une profondeur d'environ 200 mètres au nord du boulevard Massena, et sur une longueur d'environ 600 mètres entre les rues Nationales et Gandon. Elle jouxtait la gare de marchandises des Gobelins, rattachée à la Petite Ceinture, dans les limites de l'actuel quartier Olympiades.

Les centraliens René Panhard et Émile Levassor ont fondé leur entreprise en 1891. Cette année-là furent produites industriellement les premières voitures à moteur à explosion. Jusqu'à la fin des années 1950 la firme ne va cesser d'innover : moteur sans soupape, légèreté des matériaux, système anti-roulis, qualité de la conduite, luxe, aérodynamisme. Elle a recruté en masse dès la première guerre mondiale (avec la fabrication d'obus) jusqu'au début des années 1950, les effectifs passant de 1 500 ouvriers en 1905, à 6 800 en 1918, et à 5 800 en 1952. Dans l'entre-deux-guerres les immigrés Chinois de Qingtian et Wenzhou de la province du Zhejiang ont largement participé à cet afflux.

Cependant, dès 1955, en raison du manque d'investissements et d'une taille trop modeste, la situation de l'entreprise se détériore. Citroën va progressivement en prendre le contrôle avant de mettre fin à son activité et décider la fermeture et la revente du site dans les années 1970.

La destruction des structures dans les années 1970 a ainsi laissé place aux tours d'habitations d'une partie du quartier chinois de Paris.

Situé dans le triangle de l'avenue d'Ivry et des rues Nationale et Régnault l'ancien bâtiment d'ateliers des véhicules militaires de Panhard, construit en brique rouge et en meulière autour d'une vaste structure métallique, est le seul vestige de l'immense usine. Il recouvre un terrain d'environ 0,8 hectare (soit seulement 7 % de la superficie de l'ancienne usine). Il a été réhabilité par les architectes Jean-Marie Duthilleul et Etienne Tricaud de l'agence Arep (une filiale de l'entreprise Sncf Gares & Connexions) qui l'occupent actuellement avec le siège social de Sncf Gares et Connexions. Les travaux ont duré 6 ans de 2008 à 2013. L'édifice d'origine a été complété de nouvelles structures à ses trois extrémités. Les angles sud et nord-ouest ont été surmontées d'un espace en forme de « conteneur à peau de verre et de métal ouvragé » en tôle ajourée et cuivrée, de couleur assortie aux tuiles des sheds. L'ensemble forme désormais un triangle monumental, horizontal, harmonieux et coloré, qui contraste sans choquer avec les grandes tours voisines. Sous leur toiture métallique en shed d'origine, les 21 000 m² de nouveaux bureaux se déploient sur 4 niveaux accessibles par des escaliers latéraux ou un ascenseur panoramique situé au centre d'un vaste atrium qui abrite en son rez-de-chaussée un espace de restauration. La lumière provient de la verrière du toit et les larges baies vitrées des façades.

Une Dyna X des années 1950, à la carrosserie noire tout aluminium, est exposée à l'entrée de l'atrium comme un clin d'œil à la longue histoire des lieux.

L'accès du public à l'atrium et aux étages n'est pas autorisé.

15 – L'Imprimerie nationale/le ministère du Commerce extérieur Impressions diplomatiques.
27, rue de la Convention – 15°

L'Imprimerie d'état est apparue en 1538 sous François Ier mais a été réellement fondée en 1640 par Richelieu qui l'installa au Louvre pour « concourir au prestige des lettres françaises en produisant des éditions richement illustrées des textes classiques » (cf : Cécile Bertran-Humbert – Les bâtiments de l'Imprimerie nationale – 2006). Elle a traversé les siècles et les régimes en changeant souvent de nom et de statut, passant de Manufacture, à Imprimerie, de Royale, à Impériale et à Nationale, qualificatif qu'elle a conservé depuis 1870.

En 1904 débute la construction d'une vaste usine sur 2,3 hectares de la plaine de Javel, entre les rues de la Convention, du Capitaine-Ménard, de Javel et de Gutenberg. Alphonse Didelot en est son architecte en chef. Les travaux interrompus par l'inondation de 1910, par la guerre et la création temporaire d'un hôpital militaire vont durer jusqu'en 1924.

Le projet est d'ampleur. Il consiste en la création d'une halle d'une longueur de 60 mètres, d'une largeur de 40 mètres et d'une hauteur de 9 mètres, destinée à accueillir les machines rotatives. La charpente métallique de la halle est recouverte d'une verrière à sheds. Elle est construite par l'entreprise des ingénieurs constructeurs Armand Moisant-Edmond Laurent et Alphonse Savey à qui l'on doit les structures métalliques du Grand Palais, de la galerie de paléontologie du muséum d'histoire naturelle, de la gare de Lyon et du Bazar de l'Hôtel de Ville. Autour d'elle est édifié un quadrilatère de bâtiments administratifs et d'ateliers. Leurs façades à pilastres sont en briques ocres et rouges émaillées. On y remarque les ancrages de la charpente formant les lettres IN.

L'imprimerie s'installe sur le site en 1921. Elle va produire des documents confidentiels, des livres, catalogues, magazines et cartes plastifiées, et abriter le Cabinet des Poinçons et une bibliothèque. Son activité va perdurer jusqu'au milieu des années 2000.

En 2003 le site est vendu au groupe Carlyle, une société américaine de capital-investissement qui va faire effectuer les travaux de réhabilitation par l'agence d'architecture Arte Charpentier avant de le revendre à L'État en 2007 pour y installer une annexe du ministère des Affaires étrangères.

Les concepteurs utilisent la lumière zénithale des verrières de la toiture en shed et donnent de la légèreté à la structure en ouvrant et aménageant l'espace du vaste hall. Ils introduisent la modernité dans les bureaux, le nouveau centre de conférence, les salles de formation.

A partir de 2009, le nouveau site va héberger une dizaine de services de l'état, notamment ceux du ministre délégué au Commerce extérieur, de la direction générale de la mondialisation, de la direction des Français à l'étranger.

Dans le jardin de la rue de la Convention trône depuis 1927 la toute symbolique statue de Gutenberg. C'est une réplique de la statue strasbourgeoise de David d'Angers. Elle avait été installée en 1851 dans la cour de l'hôtel de Rohan qui abritait alors l'Imprimerie Nationale. On y voit l'inventeur de l'imprimerie tirant de sa presse une épreuve sur laquelle sont indiqués les mots « Et la lumière fut ».

L'accès du public au ministère n'est pas autorisé.

16 – L'usine des eaux d'Auteuil/la Maison de l'Europe
Europe sur Seine.
77, avenue de Versailles – 16°

Dès 1828, installée en ces lieux en bord de Seine, une pompe fonctionnant à la vapeur permettait l'alimentation en eau des communes d'Auteuil et de Passy.

En 1900 une première usine élévatoire (usine A) est construite par la société Pacotte. Très fonctionnelle, à l'image des projets industriels de l'époque, elle est destinée à alimenter en eau non potable le réservoir de Passy pour permettre le nettoyage des rues, l'arrosage des espaces verts et l'alimentation des rivières et des lacs du bois de Boulogne. Elle comporte une vaste salle des machines de 400 m² (là ou vient de s'installer la Maison de l'Europe de Paris) d'un seul tenant, sans poteau intermédiaire, et une salle de six chaudières à charbon côté Seine. 65 000 m3 d'eau y sont pompés chaque jour. Le bâtiment en pierre meulière et brique ocre et rouge a une charpente métallique. Son éclairage zénithal et ses larges baies lui confèrent une forte luminosité.

En 1925 une seconde usine plus grande (usine B) en brique rouge et pierre blanche est édifiée à côté, au n° 93 de l'avenue de Versailles. Deux longues salles abritent, comme dans l'usine A, machines et chaudières. Au sous-sol sont concentrées les eaux usées du 16° arrondissement avant leur traitement dans l'usine d'épuration d'Achères. Modernisée et électrifiée en 1952 elle va rester en activité jusqu'en 2017. Un projet de réhabilitation de la Mairie de Paris est en cours dans le cadre de l'appel à projets urbains « Réinventer Paris ».

Au milieu des années 1950 l'usine A est abandonnée puis transformée en garage et en bureaux avant d'être réhabilitée en 2007, pour la société des Eaux de Paris, par l'architecte Vincent Brossy (voir La Maison Couesnon page 15). Tout en conservant l'esprit du site il imagine un plafond de lambris mettant en valeur l'ossature de la charpente et un long escalier de verre de couleur blanche symbole de modernité. Jusqu'en 2023 le Pavillon des Eaux va accueillir le public et organiser des expositions sur le thème de l'alimentation en eau de Paris et sur les aqueducs en région parisienne avant que la Maison de l'Europe de Paris investisse les lieux en mai 2024.

La Maison de l'Europe est ouverte du lundi au jeudi de 10h à 12h et de 14h à 18h, le vendredi de 10h à 12h et de 14h à 17h.

17 – La gare Boulevard d'Ornano/La Recyclerie
Les éco-responsables font ceinture.
83, boulevard Ornano – 18°

« Un tiers lieu d'expérimentation dédié à l'éco-responsabilité. Ici on mange, on rencontre, on partage, on bricole...de manière intelligente et responsable ! » nous dit le bandeau de la Recyclerie en guise de bienvenue sur son site internet.

Le café-cantine a fêté ses dix ans en août 2024. C'est un lieu de vie, de rencontres et de débats qui prône l'évolution des pratiques et des modes de consommation. Il abrite un atelier de réparation et une ferme urbaine et occupe très sobrement, dans un esprit écologique, le hall d'accueil de l'ancienne station « Boulevard d'Ornano », au-dessus des voies ferrées, au point kilométrique 30,5 de l'ancienne Petite Ceinture.

Un premier bâtiment construit en 1878 encadrait des voies ferrées situées de plain-pied avec le boulevard.

En 1889, pour l'exposition universelle, les voies sont abaissées d'environ 6 mètres. Le bâtiment que nous connaissons aujourd'hui est alors édifié à cheval sur la tranchée. De chaque côté, des passerelles couvertes (aujourd'hui disparues) permettaient aux voyageurs de descendre à quai. Le trafic voyageur de la Petite Ceinture a cessé en 1934. Au milieu du 20ᵉ siècle la gare va être successivement occupée par une brasserie, une boutique et une banque, puis progressivement abandonnée.

Le site, alors propriété de Réseau ferré de France, est vendu en 2011. Il faudra attendre 2013 pour qu'une entreprise culturelle de l'économie environnementale, sociale et solidaire, la société Sinny & Ooko (voir aussi La gare de Pantin marchandises page 66), entreprenne des travaux de réhabilitation, notamment des façades et des verrières, et supprime le faux plafond pour donner de la hauteur sous la charpente métallique.

Le décor intérieur ultra simpliste crée l'ambiance éco-responsable : mobilier sommaire, tables en bois et chaises en formica, lanternes de gare à l'ancienne, murs bruts, poutrelles dénudées, sol en carrelage et plafond en lambris.

Une reconversion réussie : 229 000 visiteurs se sont rendus à la Recyclerie en 2023.

La Recyclerie est ouverte le vendredi de 8h à 2h, le samedi de 11h à 2h et le dimanche de 11h à 22h.

18 - La Gare des Mines/La station-Gare des Mines
Allumer le feu.
29, avenue de la Porte-d'Aubervilliers – 18ᵉ

Le collectif MU, une société de production musicale « alternative » créée en 2003, a investi la friche ferroviaire de l'ancienne Gare des Mines, d'abord en 2016 (pavillon sud) puis en 2020 (bâtiment principal nord).

Ce terminal a été construit en 1954 par l'architecte René Gutton. Longtemps resté abandonné par la Sncf et occupé par des squatteurs, il avait été spécialement conçu pour la réception, le stockage et le transit de charbon en provenance du nord de la France.

Il remplaçait une première gare située une centaine de mètres plus au sud, bâtie par son père André Gutton dans les années 1920 pour la société Anthracine de Nœuds-les-Mines dans le Pas-de-Calais, mais détruite dans le cadre des travaux de construction du périphérique nord de Paris.

Pour résister à la pression de plusieurs centaines de tonnes de matériau le bâtiment industriel nord est doté de murs solides sans ouvertures et de fondations profondément enterrées. L'ensemble est en béton recouvert de briques à motif de hachures croisées.

Quelques portions de rails sont encore visibles dans la cour où se faisaient les transbordements des trains et le chargement des camions à destination des industries voisines.

La gare des Mines est ainsi devenue La Station-Gare des Mines, un « lieu de création, de diffusion et de résidence » consacré à l'art musical dans toutes ses dimensions contemporaines culturelles et festives : concerts, défilés, after-work, galas… et aux pratiques collaboratives DIY (Do It Yourself) pratiquées lors d'ateliers de danse de rues, de bricolage ou de céramique.

Les espaces intérieurs et extérieurs aux aménagements minimalistes : salles de concert, terrasses de restauration, cours pavées… peuvent accueillir jusqu'à 3 000 personnes.

On trouve désormais à la Station Sud une aire de plein air avec accès à une terrasse et à une alcôve ainsi que deux salles de concert ou de réunion.

A la Station Nord, l'entrepôt de stockage du charbon, devenu grand hall (250 m² - 8 mètres sous plafond), sert de studio de création musicale et de salle de concert pouvant accueillir 720 personnes debout. S'y ajoutent une salle de réunion, une mezzanine avec un atelier d'édition, une terrasse extérieure avec bar et restaurant--la Cantine des Mines-- et une cour de 1 900 m².

En juillet 2024 le site avait organisé 350 évènements et reçu 150 000 visiteurs depuis son ouverture.

La Station-Gare des Mines se trouve sur la Zac Gare des Mines-Fillettes. Sur cette zone de 22 hectares située de part et d'autre du périphérique sera créé un quartier résidentiel et paysagé à volet économique et sportif à l'horizon 2030.

Le site est généralement ouvert en journée. La Station est ouverte en fonction des évènements.

19 – Les messageries des Chemins de fer de l'Est/la Halle Pajol
Pages et pageots à Pajol.
Esplanade Nathalie-Sarraute – 19°

En 1926 Paul-Joseph Bouché-Leclercq, ingénieur en chef de Ponts et Chaussées à la Compagnie des Chemins de Fer de l'Est, organise le transfert rue Pajol de l'activité de douane et de messagerie de la gare de l'Est alors en cours d'agrandissement.

Au sud, jusqu'à l'angle de la rue du Département, vont émerger un bâtiment de bureaux de style Art déco (aujourd'hui occupé par le collège Aimé Césaire) et une halle en béton de 90 mètres sur 30 mètres réservée aux douanes (occupée par l'IUT de Paris Pajol - Université Paris Cité) ; au centre, sur la longueur de la rue Pajol, à l'arrière d'une cour de transit dite « cour supérieure », une halle de messageries de 196 mètres sur 20 mètres (elle va fonctionner jusqu'au début des années 1990), faite de pans de fers à remplissage de brique, desservie par quatre voies ferrées servant au chargement et au déchargement des colis ; au nord, une

« cour inférieure » (devenue un jardin public qui mène en contrebas au jardin Rosa-Luxemburg).

Le projet de réhabilitation de la Zac Pajol commence en 1993 mais se heurte à l'opposition des riverains qui refusent la construction de 600 nouveaux logements. Entre 2002 et 2013 le projet définitif va voir le jour et être suivi en concertation avec les élus, les architectes et paysagistes, les habitants et conseils de quartier.

La réhabilitation sera menée par l'architecte Françoise-Hélène Jourda, célèbre spécialiste de la construction durable, entre 2008 et 2014. « Les volumes construits en structure bois viennent se glisser sous la charpente métallique existante de manière totalement indépendante. La halle retrouve alors sa fonction d'abri tout à la fois parasol et parapluie. » (cf : JAP Jourda Architectes Paris.)

Les objectifs HQE (haute qualité environnementale) sont au cœur du projet. Les façades sont sur-isolées. Des puits canadiens (circulation de l'air dans des conduits enterrés) sont intégrés à l'ensemble. Les tuiles de la toiture en shed ont été remplacés par 3 500 m² de panneaux solaires photovoltaïques qui vont faire de la halle Pajol la première centrale solaire urbaine de France.

La halle comprend une bibliothèque de 1 000 m², une auberge de jeunesse de 330 lits, des salles de réunions modulables, un centre sportif, deux bars-restaurant et un atelier de coworking.

Il faut déambuler dans le jardin Rosa-Luxemburg pour apprécier cette reconversion parfaitement réussie.

Le site est ouvert en permanence. Horaires de la bibliothèque : mardi, jeudi, vendredi de 13h à 19h, mercredi de 10h à 19h, samedi de 10h à 18h.

20 – La halle Saint-Pierre
L'Art brut en liberté.
2, rue Ronsard – 18°

Successivement marché alimentaire, école, garage, puis service municipal de la propreté, la halle Saint-Pierre a été construite en 1868 entre la place Saint-Pierre et les rues Ronsard, Cazotte et Charles-Nodier, sur une superficie d'environ 2 000 m², par un élève de Baltard* dont le nom reste inconnu, dans le style du maître : soubassement en meulière, structure métallique, hautes verrières, murs de brique à motif losange, couverture à lanterneau pour l'éclairage et l'aération.

La halle a été réhabilité en 1900 puis au début des années 1980. Au nord, côté rue Cazotte, a été aménagé un gymnase de la Ville de Paris dans une structure en brique moderne qui ne garde aucune trace du passé à l'exception du toit et des colonnes métalliques des façades. Au sud, tourné vers la place Saint-Pierre, dans un esprit de conservation du patrimoine, s'est constitué un espace culturel comprenant, en sous-sol un auditorium de 80 places, en rez-de-chaussée (environ 800 m²) une salle d'exposition, une librairie et un salon de thé, au premier étage (environ 650 m²) une seconde salle d'exposition desservie par un large escalier métallique.

Le lieu, géré par l'association « Halle Saint Pierre » à partir de 1985, s'est d'abord vu confié pour exposition quelques-unes des œuvres de la collection d'Art naïf du pilote de courses et éditeur d'art Max Fourny, et a parallèlement ouvert un centre d'animation pour enfants.

A partir de 1995, des animations culturelles, des expositions courtes, des évènements littéraires, des dédicaces et des concerts sont venus compléter la programmation d'un cycle d'expositions temporaires d'Art brut et d'Art singulier dont le succès (qui se compte en dizaines de milliers de visiteurs) s'est affirmé au fil des années.

Selon madame Martine Lusardy, la directrice de la halle, « ses hérauts sont des semeurs inspirés, intuitifs, assez fous pour passer outre la censure des goûts et assez libres pour nous emmener vers d'autres terres à défricher. »

La halle est ouverte du lundi au vendredi de 11h à 18h, le samedi de 11h à 19h, le dimanche de 12h à 18h.

21 – Le Service municipal des pompes funèbres/Le Centquatre Résurrection.
5, rue Curial – 19°

En 1874, sur l'emplacement des anciens abattoirs Villette-Popincourt, l'archevêché de Paris alors en responsabilité de la gestion des pompes funèbres et les architectes Godon, Édouard Delebarre de Bay, sous la direction (?) de Victor Baltard*, à qui avait été confié le projet, inaugurent sur une parcelle de 2,5 hectares les deux bâtiments du service municipal des pompes funèbres de Paris, en fer, en verre et en pierre et brique, selon les critères de construction industrielle de l'époque. L'ensemble situé entre les voies ferrées de la gare de l'Est situées rue d'Aubervilliers (l'ex rue des Vertus) et la rue Curial, mesure 250 mètres de longueur sur 70 mètres de largeur. Il est composé de quais de déchargement, de cours intérieures, d'écuries, de caves et de différents ateliers de menuiserie et de tapisserie.

Durant le 20° siècle plusieurs centaines de personnes étaient employées sur le site pour coordonner l'organisation d'obsèques, depuis la préparation des cercueils et des catafalques jusqu'à la gestion d'environ 150 convois mortuaires quotidiens, d'abord tirés par les chevaux puis motorisés. A la fin du monopole des services funéraires municipaux en 1993, l'activité a décliné et le site a cessé son activité en 1997.

A la suite d'un appel d'offres lancé en 2003 par la Mairie de Paris une rénovation générale de l'ensemble a été entreprise par les architectes Marc Iseppi et Jacques Pajot de l'Atelier Novembre sur 13 800 m². Se voulant « architectes de l'invisible » ils se sont employés à conserver l'aspect d'origine des corps de bâtiments et des charpentes en intégrant les espaces modernes aux bas-côtés des deux halles et en laissant totalement libre le cheminement entre les deux rues.

Le Centquatre a ouvert ses portes le 11 octobre 2008. (Le 104, rue d'Aubervilliers, face aux voies ferrées était son adresse d'origine mais la première idée de son directeur José-Manuel Gonçalvès fut de l'ouvrir sur la ville en faisant du 5, rue Curial sa nouvelle entrée principale). Au programme : théâtre, musique, danses, expositions, rencontres, performances diverses, sport, ateliers…La halle Aubervilliers comporte un Café Caché, et plusieurs salles d'expositions/résidences artistiques. La nef Curial abrite la 104factory : un incubateur de start-up culturelles et créatives, un restaurant, des salles de spectacles, une librairie, une recyclerie Emmaüs, le Cinq : un espace de pratiques artistiques personnelles et la Maison des Petits. En son centre un large plan incliné donne l'accès aux anciennes écuries et au Jardin Caché situés en contrebas. Le nombre de visiteurs approche les 600 000 par an.

Le Centquatre est ouvert du lundi au vendredi de 12h à 19h, le samedi et le dimanche de 11h à 19h.

22 – La Cité du Sang/le parc de la Villette
Folies douces.
211, avenue Jean-Jaurès – 19°

Le complexe des abattoirs et du marché aux bestiaux de la Villette, destiné à remplacer cinq abattoirs parisiens, a été construit entre 1865 et 1867 sur les plans de Victor Baltard* sur des terrains dont la superficie va progressivement atteindre 55 hectares. Il était desservi par deux gares reliés à la Petite Ceinture : Paris-Bestiaux et Paris-Abattoirs.
Les abattoirs proprement dits étaient disposés entre la porte de la Villette et le canal de l'Ourcq. Le marché aux bestiaux se tenait les lundis et jeudis entre le canal de l'Ourcq et la porte de Pantin, dans trois grandes halles et trois bâtiments annexes (une bergerie et deux bouveries). L'ensemble occupa jusqu'à 3 000 patrons et employés de boucherie aux noms évocateurs : chevillards, sanguins, tripiers, charcutiers, pansiers, boyaudiers, glandiers…
La halle aux bœufs, la plus grande, qui pouvait accueillir jusqu'à 5 000 bêtes, est celle qui a été heureusement préservée. Elle était flanquée, au sud-ouest, d'une halle aux moutons (démontée en 1986 et actuellement stockée en Seine-et-Marne) et, au nord-est, d'une halle aux veaux et porcs (qui accueillera des concerts jusqu'à sa destruction en 1980).
Ces halles aux structures métalliques (fer et fonte) ont été réalisées par un disciple de Baltard* : Jules de Mérindol*, l'architecte du Carreau du Temple (voir page 10).
La Grande Halle (240 mètres de longueur, 82 mètres de largeur, 19 mètres de hauteur), se déploie sur 15 000 m² en intérieur et 5 000 m² en extérieur.
En 1974 l'activité s'arrête et les abattoirs sont démolis. Le site tombe en déshérence alors que se forme en 1979 l'Établissement public du parc de la Villette, chargé de sa reconversion. Le projet est confié à l'architecte paysagiste Bernard Tschumi au début des années 1980. Le parc ouvre au public en 1987, sur

un plan orthogonal fait de points (les Folies), de lignes (les galeries directionnelles, les allées), et de surfaces, (aires de jeux, esplanades, jardins et prairies), en même temps que La Cité des Sciences et de l'Industrie (née de l'ancienne salle des ventes des abattoirs et d'un premier projet de reconstruction qui fit scandale dans les années 1960).

(A noter que la Cité des Sciences et de l'Industrie est le résultat de l'innovante reconversion d'un abattoir en un grand musée des sciences et des techniques, ce qui a permis à la France de se positionner comme premier pays créateur de grandes expositions, et initiateur de la scénographie d'exposition. Ce savoir-faire muséographique s'est exporté.)

Vont suivre le Conservatoire national supérieur de musique et de danse de Paris (1990), la Cité de la Musique (1995), la Philharmonie de Paris (2015).

La Grande Halle a été réhabilitée deux fois par les mêmes architectes Bernard Reichen et Philippe Robert**, de 1985 à 1987 et de 2005 à 2007. La nef est divisée en trois espaces principaux modulables conçus pour des concerts, des spectacles, des salons et des expositions. Un restaurant et une librairie occupent le côté sud.

Autour de la Grande Halle, les pavillons de l'ancienne bourse à la criée, de l'ancienne buvette et de l'ancien poste de police, la fontaine aux Lions de Nubie (conçue en 1811 par Pierre-Simon Girard et déplacée de la place de la République à la Villette en 1869 pour servir d'abreuvoir) et l'ancienne rotonde des vétérinaires (devenu Pavillon Villette à l'angle de l'avenue Corentin-Cariou) sont autant de vestiges de la Cité du Sang.

Le parc de la Villette est ouvert de 6h à 1h.

23 – Les Magasins Généraux du Pont de Flandre/Campus Business Darse active.
11, rue de Cambrai – 19°

Le parc d'activité du Pont de Flandre est installé entre les anciennes lignes de la Petite Ceinture au sud, le canal Saint-Denis à l'Est, et les lignes de la gare de l'Est au nord, un site logistique stratégique s'il en est qui a été celui des Magasins Généraux de Paris de 1854 à 1955.

Dès 1844 les Entrepôts du Marais firent creuser une darse reliée au canal Saint-Denis avant que soient construits dix ans plus tard, sur ses quais, par l'entrepreneur et banquier Georges Tom Hainguerlot, quatre entrepôts en brique et meulière dotés d'arcades plein cintre pour le transbordement des marchandises.

En 1860 Émile Pereire les intègre à une société nouvellement créée : les Entrepôts des magasins généraux de Paris (Emgp). Il obtient de Napoléon III le monopole parisien du stockage de matières agricoles et industrielles et leur exemption du droit d'octroi.

Pour agrandir les espaces de stockage de bois, charbon, métaux, blé, farine, sucre...Pereire va faire construire sur les cinq hectares du site d'autres bâtiments dont la superficie va représenter jusqu'à 100 000 m² de plancher. Pour une centaine d'années les Magasins Généraux du Pont de Flandre vont devenir le « grenier de Paris ».

Cependant après la seconde guerre mondiale, avec la désindustrialisation de la capitale et le progrès des transports, l'activité ralentit et l'Emgp est amenée à louer ses locaux à des entreprises.

Le nouveau parc d'activité a été aménagé en « Campus business » au début du 21ᵉ siècle.

La largeur de la darse a été réduite pour permettre la communication entre les bâtiments d'origine dont les façades ont été conservées à l'identique. A l'est et au sud de la « Place du Village » s'élèvent L'Artois, un bâtiment moderne de 20 000 m² de plancher conçus par Philippe Chaix et Jean-Paul Morel, et Le Brabant, construit par l'architecte Jean-Claude Guibert (9 000 m²).

Le parc accueille certains locaux de l'École d'architecture de la Villette, Grand Paris Aménagement, des services de la poste et de l'Urssaf, le Club Méditerranée, Pierre et Vacances, des entreprises de l'audiovisuel ou de la mode, des commerces, un hôtel, un restaurant et une crèche inter-entreprises.

Accès libre au parc d'activité.

Seine et Marne - 77

Boissy-le-Châtel

24 - Les moulins à papier/Galleria Continua
Hang'Arts contemporains.
Le moulin de Boissy – 46, rue de la Ferté-Gaucher
Le moulin de Sainte-Marie – 48, rue des Papeteries

Les moulins à papiers du 17° et du 18° siècle ont jalonné le Grand Morin de Jouy-sur-Morin à l'est à Coulommiers en aval à l'ouest. La société des Papeteries du Marais fondée sous la Restauration en posséda treize, dont les moulins de Boissy et de Sainte-Marie.

Dans la seconde partie du 19° siècle le moulin de Boissy se spécialise dans la chiffonnerie. Les vieux vêtements récupérés étaient déchirés et broyés dans des cuves à eau destinées à la préparation de la pâte à papier au moyen d'une pile à maillets actionnée par une roue à aubes. La pâte ainsi constituée était transportée au moulin voisin de Sainte-Marie pour la fabrication des feuilles de papier par tamisage, pressage, séchage.

Avec les progrès industriels du début du 20° siècle les moulins se modernisent notamment grâce aux chaudières à vapeur.

Cependant en 1931 l'activité papetière du moulin de Boissy est transférée à Sainte-Marie. L'usine est reprise par la Sofom une societe de fabrication d'objets moulés en plastique dont la production va perdurer jusqu'en 1969. Suivra une usine de fabrication de meubles abandonnée en 2000.

L'usine de Sainte-Marie quant à elle poursuit son développement. Elle intègre le groupe Arjomari en 1956 et se spécialise dans le papier offset et l'emballage alimentaire. Au détour des années 1990 elle s'investit dans la haute technologie et le haut de gamme papetier avant de péricliter et fermer en 2006.

Les deux sites dont les surfaces construites représentent 7 000 m² pour Boissy et 30 000 m² pour Sainte-Marie, sont finalement rachetés en 2007 et en 2010 par les propriétaires de la Galleria Continua, une galerie d'art contemporain fondée en 1990 en Italie par Lorenzo Fiaschi, Maurizio Rigillo et Mario Cristiani.

Depuis 2010 l'agence MBL, de Sébastien Martinez-Barat et Benjamin Lafore est en charge du projet de développement, d'accueil et d'installation des deux moulins sur environ 17 000 m². Après une longue étude portant sur l'environnement et les nombreux bâtiments industriels (une trentaine d'espaces imbriqués les uns aux autres) ils se sont attachés à préserver l'esprit industriel des lieux et à structurer les aménagements intérieurs par des interventions ciblées.

Au moulin de Boissy la structure générale brute a été conservée à l'exception de la toiture refaite pour des raisons de sécurité. Une mezzanine métallique et des cloisonnements ont été ajoutés pour valoriser les expositions. La charpente du plus ancien bâtiment, le moulin lui-même, a été dégagée de son faux plafond et mise en valeur. Dans ce lieu la Galleria Continua présente en permanence et en alternance, à une dizaine de milliers de visiteurs par an, des œuvres monumentales d'artistes contemporains et organise des formations destinées aux jeunes des écoles voisines.

Au moulin de Sainte-Marie une piste de skateboard crée un cheminement piétonnier au cœur de la friche industrielle. Ici la Galleria offre aux artistes résidents, parmi lesquels Adnan, Kader Attia, Daniel Buren, Anish Kapoor, Julio Le Parc ou Pascale Marthine Tayou, des ateliers de conception de leurs futures installations dans de vastes espaces, anciens hangars ou entrepôts, leur permettant ainsi de réaliser leurs « Long Term Projects ».

La Galleria Continua est ouverte du mercredi au dimanche de 12h à 18h.

Coulommiers

25 – La prison/la Médiathèque
De la cellule à la cellulose.
Avenue Georges Pompidou

La construction de la prison de Coulommiers sur une petite île du Grand Morin s'étend de 1851 à 1867. Qualifiée de « bonbonnière » par sa forme, elle est l'œuvre d'Ernest Mangeon, l'architecte départemental de l'époque. Entourée d'une cour de promenade et d'un mur d'enceinte de 4,5 mètres de hauteur elle couvre une superficie de 450 m². Son architecture mi carcérale-mi religieuse (voir les absides côté nord) n'est pas sans évoquer la présence en ce lieu du prieuré Sainte-Foy qui l'avait précédé.

A la fin des années 1950 les détenus sont transférés à la prison de Meaux. La prison devient un centre de réadaptation pour jeunes inadaptés puis sert de décors à des films tels Une affaire de femmes de Claude Chabrol ou Les Misérables de Claude Lelouch.

La ville de Coulommiers rachète l'ensemble en 1979 et en fait un foyer pour les sans-abri. Il faudra attendre la fin du siècle pour qu'un projet de reconversion en site culturel émerge et pour qu'en 2001 les travaux débutent sous la houlette des architectes Pierre Gory et Béatrice Jullien.

Une reconversion exemplaire et bien rare puisqu'il s'agissait de transformer un lieu historique d'enfermement et d'isolement en une bibliothèque moderne, fonctionnelle et ouverte sur le monde.

Tout en conservant la structure d'un bâtiment inscrit à l'Inventaire des monuments historiques les architectes vont véritablement métamorphoser la prison. Ils ouvrent et restaurent les 33 cellules d'origine pour en faire des rayonnages (seules quelques-unes seront décloisonnées). Ils créent, au second étage de la nef centrale, un plancher intermédiaire de circulation doté de puits de lumière. Les coursives du troisième niveau sont conservées, réhabilitées et réunies

34

par l'autel de l'étage inférieur (où étaient célébrées les messes hebdomadaires aux détenus). Les concepteurs imaginent, à l'extérieur, un large escalier d'accès au public directement vers le premier étage. En clin d'œil à l'histoire, ils laissent à l'une des cellules de réclusion son épaisse porte en bois et son sol carrelé.

Les collections de la bibliothèque municipale hébergées à l'hôtel de ville depuis 1839 dans des locaux devenus trop exigus sont déménagées dans leur nouvel espace au début de l'année 2003.

Depuis plus de 20 ans le formidable succès et la réputation de cette incroyable bibliothèque n'ont cessé de croître pour le plus grand bonheur des Columériens et de leurs voisins.

La bibliothèque est ouverte le mardi et le vendredi de 10h à 12h et de 14h à 18h30, le mercredi de 9h30 à 12h30 et de 14h à 18h30, le samedi de 9h30 à 12h et de 14h à 18h30, le dimanche de 10h à 12h30.

Noisiel

26 – La ferme du Buisson
Un grand carré de chocolat au lait.
Allée de la Ferme

La chocolaterie fondée à Paris en 1816 par Jean Antoine Brutus Menier s'est installée sur les bords de la Marne à Noisiel en 1825. En 1853 son fils, Émile-Justin, reprend les rênes et organise le développement de l'entreprise dont la production passe de 400 tonnes à 2 400 tonnes en 10 ans. Pour le broyage des fèves de cacao sera bâti le magnifique moulin Saulnier, du nom de son architecte, devenu en 1996 le siège français de la société Nestlé avant d'être transformé en Cité du goût à l'horizon 2028.

Émile-Justin Menier est un patron social et humaniste. Entre l'usine et l'ancienne ferme de Noisiel il fait édifier à partir de 1874 par le même architecte, une cité ouvrière de 138 maisons mitoyennes correspondant à 312 logements. En 1879 il rachète cette ancienne ferme briarde du 18° siècle installée au milieu des champs et des buissons et fait construire, par Jules Louis Logre et Jules Saulnier, les bâtiments de la ferme du Buisson que nous connaissons aujourd'hui : murs et façade en maçonnerie très travaillée de pierre et brique, couplés à de grands portiques métalliques portant des toitures d'ardoise avec lanterneaux (ou vitrées pour la médiathèque) ; les motifs des briques rappellent, comme ceux du moulin, les fleurs de cacaoyers.

L'objectif est de nourrir les ouvriers en produisant de la viande, des céréales et du lait mais aussi de cultiver des betteraves dont le sucre sert à la fabrication du chocolat.

L'ensemble est un vaste carré de 140 mètres de côté soit environ 2 hectares.

35

Il intègre en son centre, une halle de 80 mètres sur 30 divisée en deux niveaux : en bas une écurie, une étable et une bergerie, en haut une grange destinée à l'entreposage du foin et des céréales.

A l'est, la ferme d'origine est conservée : elle sert de pigeonnier, de magasin à céréales et de garage à machines agricoles.

A l'ouest, la nouvelle grange, va être utilisée pour le stockage et l'épluchage des betteraves et le battage du blé.

A l'arrière, au sud, une voie de chemin de fer reliée à la chocolaterie, à la cité ouvrière et au réseau Paris-Est, passe devant une étable aux génisses, une infirmerie vétérinaire et un magasin d'alimentation pour les ouvriers.

Au nord se trouvent un poulailler, les maisons du régisseur et du gardien, un grenier de stockage du blé, une laiterie, un réfectoire et une maréchalerie

Après la faillite de l'empire Menier et l'abandon de la ferme, un projet artistique de transformation des lieux en centre d'art et de culture voit le jour à partir de 1979 alors que les bâtiments sont inscrits aux monuments historiques en 1986. Ce projet est mené par Fabien Jannelle, ancien étudiant en architecture et spécialiste de l'action culturelle

Les premiers travaux d'aménagements vont concerner le grenier devenu salle de spectacle en 1983. Puis sous la direction de l'agence d'architecture Bernard Huet, la grange-étable est transformée en un théâtre de 800 places en 1990 ; la ferme d'origine est convertie en restaurant, centre d'art et cinéma en 1991 ; enfin, en 2004, la grange ouest, sous son immense verrière, est réhabilitée en médiathèque à l'arrière de laquelle ouvre une autre salle de spectacle : la Halle.

La ferme du Buisson est devenue un établissement public de coopération culturelle polyvalent doté d'une scène nationale d'un centre d'art contemporain et d'un cinéma. Elle revendique avec force « son identité plurielle et son ouverture au monde ».

La ferme est accessible du lundi au vendredi de 10h à 18h, le samedi de 14h à 19h.

Saint-Fargeau-Ponthierry

27 – L'usine de papiers peints Leroy/ Les 26 Couleurs
Un patchwork culturel.
Rue du 11 novembre 1918

Peu avant la première guerre mondiale Paul Friesé* se voit confier les plans de construction d'une nouvelle manufacture de papiers peints qui doit servir au développement de l'entreprise Leroy fondée dès 1842 et en cours d'expropriation à Paris. L'usine ouvre à Saint-Fargeau en 1919. Elle est complétée d'une cité ouvrière (de l'autre côté de la voie ferré), d'un pavillon des contremaitres et d'une coopérative d'alimentation. Un hôtel industriel réservé aux ouvriers célibataires (côté rue Pasteur) suivra quelques années plus tard. L'usine dans sa conception et dans son organisation sociale est considérée par certains comme un modèle du genre. L'entreprise utilise une machine d'impression de papiers peints dite « aux 26 couleurs » (présentée au public de l'exposition universelle dès 1878) et va poursuivre son développement technique et industriel dans l'entre-deux-guerres en inventant de nouveaux procédés d'héliogravure qui feront de sa collection Hélio-Leroy un immense succès en 1934 : « L'art doit profiter du progrès de la science pour traduire le beau avec une finesse et une fidélité sans cesse croissante ».

Après les grèves de 1936, le décès de Mathilde Leroy en 1941, les réquisitions allemandes et les bombardements alliés du 1° août 1944, il faudra attendre la reconstruction de l'usine et du château d'eau pour que la production soit relancée en 1948. Dans les années 1960 et au début des années 1970 l'activité du site alors installé sur 6,3 hectares atteint son apogée. La maison Leroy et ses mille salariés est alors le premier fabricant européen de papiers peints.

Cependant en 1972 un incendie ravage l'usine. Ce nouveau coup porté, la crise économique et la concurrence internationale entraînent l'arrêt définitif de l'activité et le licenciement de 600 personnes en 1982. La cité ouvrière est vendue.

L'Espace 26, est installé depuis 2011 dans l'ancienne centrale électrique de l'usine. Cette centrale (qui n'occupe que 2% environ de la surface totale de l'usine et de ses entrepôts) a été construite en brique, meulière, et béton. Elle a été inscrite aux monuments historiques en 2006 et rachetée par la Ville cette année-là.

L'architecte Philippe Prost (voir aussi La briqueterie de Gournay page 91) a été pendant trois ans en charge du projet de reconversion de la centrale en espace culturel et en lieu de mémoire : ses maîtres mots : « magnifier cette architecture fonctionnelle et rationnelle » (...), « la transcender à travers son nouvel usage » (...), « l'enrichir avec de nouveaux volumes ».

Une salle d'exposition (à gauche de l'entrée) et une salle de spectacles et de cinéma, sont installées dans l'ancienne salle des chaudières, sous l'étage des silos à charbon (qui étaient transférés depuis la Seine par une passerelle aujourd'hui disparue). A l'arrière se trouve le lieu de mémoire que constitue la salle des machines où sont conservés la cabine du contremaître, le panneau de commande, la machine aux 26 couleurs et les machines à vapeur de l'ancienne salle des génératrices.

Dans l'entrée et dans le couloir menant à la salle des machines le visiteur peut admirer la magnifique reconstitution/mosaïque d'une collection de 14 papiers peints de 1926 déclinés en différentes couleurs.

Le musée de l'Espace 26 est ouvert le mercredi, le samedi et le dimanche de 14h à 18h.

Treuzy-Levelay

28 – La Tuilerie

Raviver la flamme.
Rue de la Tuilerie

Les 17 bâtiments de la Tuilerie sont dominés par une cheminée emblématique de 27 mètres de hauteur restaurée en 1995. Ils occupent une superficie d'environ un hectare dans le petit hameau de Bezanleu à une dizaine de kilomètres de Nemours. Les environs sont propices à la fabrication de tuiles : les bois permettent l'alimentation des fours et le sol est riche en argiles plastiques du Sparnacien (55 millions d'années).

Des tuileries locales ont existé dans la région depuis le 14° siècle. Dans ce village un premier four aurait fourni plus du tiers des tuiles nécessaires à la couverture du château de Nemours, soit 40 000 tuiles, autour de 1668.

Au milieu du 19° siècle, la Tuilerie se développe et de nouveaux bâtiments sont construits pour accueillir cette expansion. En effet, grâce à l'arrêté d'interdiction du chaume promulgué en 1852 afin d'éviter les incendies de toitures, la famille Moufrond (propriétaire en titre de 1850 à 2017), va pouvoir l'agrandir, la techniciser et la rentabiliser. Elle va notamment acquérir des machines à vapeur, des étireuses et des broyeurs, utiliser les fours de type gallo-romain, construire un couloir de séchage et une grande cheminée, et mettre en place d'un système de rails et de wagonnets.

A son apogée à la fin du 19° siècle la fabrique, servie par 80 ouvriers, produisait à chaque fournée 60 000 pièces de tuiles bourguignonnes (vernissées), de carrelage et de briques, de faîtières, de céramiques d'ornementation ou de poteries de jardin. Le cycle de fabrication durait deux mois et la cuisson en était l'élément essentiel : après une semaine de préchauffage, le « grand feu », d'une durée de 35 heures et auquel les villageois venaient assister, nécessitait 80 à 100 stères de bois, et atteignait les 1 300°.

Depuis 2017 Désiré et Solange Sankara sont les nouveaux propriétaires des lieux. Ce couple de passionnés, soutenus par le département de la Seine-et-Marne, la Région Île-de-France, la Drac et la mission patrimoine de Stéphane Bern, se bat pour faire revivre cette tuilerie inscrite aux monuments historiques pour ses constructions mais également pour son savoir-faire. Leur dessein est de créer un lieu culturel et de relancer la fabrication de produits de la terre pour faire perdurer ces savoir-faire anciens.

L'ancienne forge a déjà été transformée en logement. Priorité est donnée à la rénovation de la grande halle de séchage avant cuisson : certaines travées sont effondrées et sa couverture à la charpente originale est à refaire.

Les autres sections de la tuilerie, notamment le couloir de séchage, les mouleries, les ateliers de presse et de broyage, le hangar à bois et les fours gallo-romains, seront également à restaurer.

Des visites guidées permettent de découvrir le procédé de fabrication traditionnel qui surgit encore à travers les vestiges du site, d'un bâtiment à l'autre.

\# Le site est visitable sur réservation d'avril à septembre.

Yvelines 78

Guyancourt

29 - La redoute de Bouviers
Une batterie très musicale.
1, rue de la Redoute, quartier des Saules

Après la guerre franco-prussienne et la défaite de 1870 est décidée la construction entre Saint-Cyr-l'École et Saclay d'un ensemble de deux forts et cinq batteries militaires voués à la protection de Paris par le sud-ouest sur les plans de l'ingénieur militaire Raymond Adolphe Séré de Rivières*(dit le Vauban du 20° siècle).

La batterie de Bouviers ou redoute de Bouviers date de 1879 et a été en service (notamment durant la première guerre mondiale) jusqu'en 1932. Construite sur un plan en trapèze en pierre calcaire, meulière et brique elle rassemble tous les critères de l'architecture militaire de l'époque. L'entrée (dite de la gorge) située au nord-est conduit à une cour intérieure et au bâtiment principal, le casernement proprement dit, qui pouvait accueillir 200 soldats. Il est composé de casemates voutées de 6 mètres x 15 mètres de profondeur, accolées les unes autres, séparées par des piédroits d'une épaisseur pouvant atteindre deux mètres pour la solidité de l'ensemble. La batterie était recouverte sur plusieurs mètres de la terre des douves creusées tout autour.

A l'arrière deux caponnières (deux éléments de fortification de fossés) aujourd'hui disparues étaient situées de part et d'autre de l'école de musique actuelle.

Elles ont servi à l'entreprise Hispano-Suiza pour des essais de tirs. A partir de 1933 et jusqu'en 1993 en effet Hispano-Suiza louait les lieux et avait fait construire dans ses alentours plusieurs bâtiments industriels de fabrication de munitions et plus tard de moteurs, compresseurs et turbines d'avions, en dépit de l'opposition de la municipalité et des riverains excédés par les nuisances sonores, la fumée et la pollution, comme le fut le voisinage de l'usine de Bois-Colombes (voir La soufflerie Hispano-Suiza page 45).

En 1999 l'établissement public d'aménagement de Saint-Quentin-en-Yvelines rachète le site au ministère de la Défense, comble les douves, et fait détruire les anciens bâtiments industriels (des immeubles modernes de bureaux suivront en 2009).

A partir de 2006 grâce aux travaux d'aménagement des architectes Ivan Franic et Michel Garcin de l'agence ASA, la batterie de Bouviers, trop longtemps laissée à l'abandon, devient un pôle culturel et musical comprenant une salle de concert de 500 places, des studios de répétition et d'enregistrement, des locaux pour les artistes, et un restaurant installé sous les voutes historiques. Une cinquantaine de concerts de tous styles y sont programmés chaque année.

A l'arrière de la batterie, l'École de musique, conçue sur des plans de l'Atelier Yann Brunel, est dotée d'un conservatoire et d'un auditorium. Elle a ouvert ses portes en 2010.

Accès libre du lundi au samedi de 9h à 23h.

Mantes

30 – La halle Sulzer
Hall'abri d'Éole.
Zac Mantes Université – 28, boulevard Roger-Salengro

La halle Sulzer (300 m de longueur, 30 m de largeur et 28 mètres de hauteur) a été construite entre 1956 et 1958 pour la Compagnie de construction mécanique suisse Sulzer avec comme objectif la production de pompes, de turbines et de moteurs diesels de paquebots, de sous-marins, de locomotives ou de centrales électriques. L'entreprise a ainsi créé des emplois pour des milliers d'ouvriers pendant trois décennies avant de commencer à péricliter avec la faillite des chantiers navals de La Ciotat et de la Normed. Après une restructuration complète comprenant la cession de la plus grande partie de ses activités industrielles (notamment ferroviaires) et un recentrage sur le secteur médical et la technologie de surface, Sulzer a arrêté la production et fermé les portes de la halle au début des années 2000.
Les années suivantes plusieurs projets de reconversion proposés aux élus, notamment deux portant création d'un centre commercial ou d'un espace musical, ont été rapidement écartés.
En 2023, vingt ans après un incendie qui la ravagea, et six ans après la fin d'une longue période de dépollution des sols, le processus de reconversion et de préservation de la grande halle Sulzer, témoin incontournable du passé industriel de la ville, est enfin engagé. Première étape, la déconstruction de l'ancienne halle a été confiée à l'Établissement public d'Aménagement du Mantois Seine Aval (Épamsa). Les murs de façades, la toiture et les sheds ont été retirés mais l'impressionnante ossature métallique (en portiques) de l'ensemble ainsi que les ponts roulants et les chaines de levage seront conservés et confortés avec traitement anticorrosion et remise en peinture.
Le projet de reconstruction du nouveau quartier de Mantes Université, sur une ancienne friche ferroviaire de 45 hectares située près de la gare de Mantes-la-Jolie, a été réalisé par l'agence Anma Architectes et Urbanistes et son fondateur, Nicolas Michelin, sous le contrôle de l'Épamsa. Il doit à terme accueillir des logements, des commerces et le RER Éole en 2026. Les travaux de la halle doivent se terminer en même temps et conduire à l'édification, sous la structure métallique réhabilitée, de trois pôles séparés par des espaces piétonniers et paysagers traversants. À l'est : un Institut universitaire de technologie (IUT) pouvant accueillir 1 500

étudiants dans des bâtiments légers en matériaux biosourcés. À l'ouest : un ensemble d'équipements culturels encore à définir. Au centre : un espace de commerces et de services.

Symbole d'une fierté retrouvée, la flamme olympique est partie de la halle Sulzer avant de traverser Mantes le 23 juillet 2024.

La halle est en cours de réhabilitation.

Essonne 91

Corbeil-Essonnes

31 - Les Grands Moulins de Corbeil
Libérer l'Essonne.
7 à 11, quai de l'Apport-Paris

Le site des Grands Moulins de Corbeil s'étend sur près de 10 hectares au confluent de l'Essonne et de la Seine. Bâtiments en brique et meulière, anciens et modernes, semblent avoir été construits de manière anarchique. Certains d'entre eux, abimés par le temps, paraissent abandonnés. L'activité du site contrôlé depuis 1994 par le Groupe Soufflet (voir aussi Les Grands Moulins de Pantin page 63), l'un des premiers groupes agroalimentaires européen, est pourtant très dynamique. Un nouveau moulin ultra-moderne et automatisé (le bâtiment de couleur gris) construit sur cinq étages et utilisant la force gravitationnelle a même été mis en fonction en février 2023. Il traite jusqu'à 900 tonnes de blé chaque jour.

L'histoire de la minoterie commence au Moyen Âge avec un premier moulin à roue, dit moulin banal (au sens de la banalité seigneuriale). Au 18° siècle, un certain Simon-Pierre Malisset, boulanger de son état et « fournisseur de pain des prisonniers » invente le procédé de la « mouture économique » (produire plus de farine avec la même quantité de blé). Il fait transformer des moulins à tan en moulins à blé et fait construire un important magasin de stockage (la Réserve) pour le blé et la farine destinés aux hospices Parisiens.

A la fin du 18° siècle et au 19° siècle la technique de production s'améliore avec le système dit de « mouture à l'anglaise » (une seule source d'énergie active plusieurs appareils et accessoires de production). Avec le progrès industriel et l'arrivée du chemin de fer en 1840, les nouvelles constructions se succèdent ; un nouveau moulin doté de douze paires de meules et une halle aux grains sont érigés... Les célèbres frères Auguste-Rodolphe et Aymé-Stanislas Darblay* (par ailleurs actionnaires à Corbeil d'une papeterie qui porte leur nom et qui va devenir l'une des plus importante du monde au tournant du siècle), d'abord locataires puis propriétaires des lieux à partir de 1863 emploient alors une cinquantaine d'ouvriers.

La société des Grands Moulins de Corbeil est fondée en 1881. Elle utilise le système de « mouture à la hongroise » (des cylindres remplacent les meules traditionnelles) plus énergivore mais plus rentable.

En 1893, après l'explosion et l'incendie du magasin de la Réserve qui fit 13 victimes, l'architecte Paul Friesé* fait construire un silo à blé couplé à une tour élévatrice (coiffée par un réservoir d'eau anti-incendie) aujourd'hui classée monument historique.

Au 20° siècle l'expansion continue : nouveau moulin, second silo à blé, construction de bâtiments de l'avant nettoyage, économat, silos à farine... Les effectifs passent de 370 en 1908 à 600 dans les années 1990 et 18 000 quintaux de blés sont traités chaque jour

La gestion de la production est aujourd'hui complètement modernisée. Les effectifs ont été réduits à une centaine de personnes. Parmi elles, trois personnes seulement suffisent au fonctionnement des chaines de production automatisées à contrôle optique : pré-nettoyage, pesage, stockage, nettoyage, mouillage, broyages, réductions en farine et tamisages.

Le Groupe Soufflet s'est séparé d'une partie de ses terrains et de ses bâtiments en 2022. Le projet de de reconversion de Cogedim/Histoire et Patrimoine/MAES Architectes urbanistes prévoit la conservation intégrale de certains d'entre eux, la conservation de façades, des surélévations « respectueuses de l'existant » et la construction de nouveaux immeubles à insérer « harmonieusement » dans l'ensemble.

Sur une surface de planchers de 21 500 m², 292 logements (dont certains de grands volumes ou loft selon les possibilités architecturales) doivent être livrés en 2026, dont les deux tiers réhabilités ou restructurés, ainsi que des commerces, des cafés et un restaurant, un incubateur d'entreprises, un lieu d'animations pour enfants, des espaces végétalisés.

A cette occasion la rivière Essonne, couverte par l'usine dans sa dernière portion depuis 1863, devrait revoir la lumière du jour pour le plus grand bonheur des habitants.

Des visites guidées « immersives » autour du site sont organisées par l'office de tourisme Grand Paris Sud. L'application Grands Moulins de Corbeil Évolution permet de découvrir l'évolution du site depuis le 18ⁿ siècle en 3D. Pas d'accès au public à l'intérieur des Grands Moulins.

Ris-Orangis

32 - La distillerie-malterie Springer
Distil'action d'artistes.
Quartier Paul Friesé - place de Babel et alentours

Nous retrouvons l'architecte Paul Friesé* à Ris-Orangis. A partir de 1887 il pose les plans d'une nouvelle usine située sur l'emplacement d'une ancienne fabrique d'huile de pétrole, d'engrais et d'alcool, entre la gare de Ris-Orangis et la Seine (pour la qualité de son eau), pour assurer le développement de l'entreprise familiale des trois fils Springer. Leur père, le baron autrichien Max von Springer mort deux ans plus tôt avait été l'inventeur en 1867 de la levure industrielle de panification et avait créé en 1872 à Maisons-Alfort une première usine de production de levure et d'alcool (aujourd'hui détruite) dont le développement avait été considérable.

A côté de bâtiments des années 1860, ce nouveau complexe industriel qui s'agrandira jusqu'en 1914 comprendra une distillerie, un moulin et une malterie pour la production de malt, de levure, d'alcool et de drêches (résidus destinés à l'alimentation des vaches). Comme la plupart des réalisations de Friesé* les bâtiments, partiellement dotés de baies plein cintre, sont édifiés en meulière, brique, et structures métalliques.

La production de la malterie va perdurer de 1924 à 1972 sous le contrôle de leur nouveau propriétaire, les Malteries Franco-Belges, avant que le site soit transformé en entrepôt de stockage. La distillerie sera vendue et occupée par l'armée de l'air après la seconde guerre mondiale jusqu'en 1981.

Cette année-là une quinzaine de jeunes vient occuper la caserne désaffectée entre le quai de la Borde, la rue Edmond-Bonté et la rue des Artistes. Ils vont progressivement investir les autres bâtiments vides du quartier, y amener l'eau et l'électricité, les réhabiliter pour y vivre décemment, et former ce qui deviendra le Centre autonome d'expérimentation sociale (Caes), l'un des plus grands squats d'artistes d'Île de France. Ils lanceront une vingtaine d'activités allant de l'artisanat (ateliers de résine, de sculpture, de peinture, de musique) à de véritables entreprises alternatives comme un garage de mécanique, ouvriront une crèche, organiseront des fêtes et des concerts, et loueront à bas prix des hébergements provisoires à des sans-abri, avec le soutien non officiel de la Dass.

A la fin des années 1990 une centaine d'habitants sont expulsés du squat et relogés. A partir de 2007 avant la création du nouvel écoquartier Docks de Ris certains des bâtiments sont détruits. D'autres sont conservés et transformés en logements ou en ateliers d'artistes, de Haute Qualité Environnementale, dans le respect historique du patrimoine et dans une « démarche de requalification de friches industrielles et de préservation des espaces naturels » sous la maîtrise d'ouvrage des Usines Bertheau (voir aussi La minoterie Groult page 90) et de son équipe d'architectes géomètres, juristes, comptables et fiscalistes, sous la houlette de son fondateur Pierre Bertheau. L'ajout fonctionnel d'un escalier métallique en spirale entourant l'ascenseur et de coursives hors-œuvre qui relient le moulin et la maison brulée évoque habilement le passé industriel du lieu.

Accès libre permanent à l'ensemble des logements rénovés.

Hauts-de-Seine 92

Bois-Colombes

33 - La soufflerie Hispano-Suiza/l'école La Cigogne
Une école à couper le souffle.
11, rue du Moulin-Bailly

La présence à Bois-Colombes de la société de construction automobile hispano-suisse Hispano-Suiza date de 1914. Dès 1916 la société se tourne vers l'industrie aéronautique et va produire plusieurs dizaines de milliers de moteurs d'avions.
En 1937 la filiale française constituée en 1923 fait construire par les établissements Haour Frères, au sein de l'usine de 6 hectares, ce qui fut alors la plus grande soufflerie au monde.
La Cigogne, le logo de la firme, décore le plus haut niveau d'un bâtiment en béton armé de style moderniste mesurant 55 mètres de long sur 16 mètres de large. Son architecture, basée sur les plans des souffleries de Gustave Eiffel*, correspondait à sa fonction : l'air arrivait par le collecteur en forme de pavillon d'instrument à vent ouvert vers la rue du Moulin-Bailly qui occupait deux niveaux. Suivait la chambre d'essais plus haute d'un niveau que le reste du bâtiment. L'air passait ensuite dans la chambre d'aspiration où se trouvait un ventilateur de 16 pales et de 8 mètres de diamètre et dans le diffuseur de sortie doté d'un filtre anti vortex à anneaux et orienté vers le parc des Bruyères. Le système permettait de tester des prototypes de moteurs d'avions en reproduisant des vitesses de vent de l'ordre de 325 km/h.
En 1953 la soufflerie est transformée en immeuble de bureaux et en 1999 l'usine cesse son activité. Mais la préservation du patrimoine industriel exceptionnel que représente la soufflerie s'impose aux habitants. En 2003 la municipalité rachète au groupe Snecma (propriétaire en titre) le bâtiment désormais sous protection et confie aux architectes Patrice Novarina et Alain Béraud la restructuration du site (aménagements intérieurs et conservation des façades classées, du collecteur et du diffuseur) afin d'accueillir, dès 2005, l'école primaire La Cigogne (9 classes), un centre de loisirs et des bureaux de l'inspection départementale de l'Éducation nationale.

Pas d'accès du public dans l'école.

Châtillon

34 - L'usine d'aviation Dewoitine
Escales multiples.
2, rue Béranger

En 1924, après les succès de la fabrication du chasseur D.1 et de différents planeurs et afin de développer les nouveaux avions D.7 et D.9, l'avionneur Émile Dewoitine installe à Châtillon, au lieu-dit le Traverse Loup, le siège et les bureaux d'études de sa société : Les Constructions aéronautiques Émile Dewoitine. Elle est financée par Hispano-Suiza, son licencié japonais Mitsubishi et Edgar Brandt, industriel de l'armement et ferronnier d'art, futur créateur de la marque universellement célèbre d'électroménager.

Trois ans plus tard, l'avionneur ne rencontre pas le succès commercial qu'il escomptait et part s'installer en Suisse. Brandt reprend le site de 4 hectares pour implanter ses ateliers de ferronnerie et ses bureaux d'études de construction métallique, d'armement lourd et de munitions. Entre 1931 et 1933 il fait construire, sur les plans des architectes Louis-Victor Plousey et Urbain Cassan, face à Paris et sa banlieue sud, un nouveau bâtiment administratif prestigieux de 60 mètres sur 20 mètres (avec une avancée sur le 1/3 central de la longueur côté nord-est), aux lignes géométriques et épurées, dans le plus pur style Art déco. Son exceptionnel hall à colonnes, d'une hauteur de 7 mètres sous verrière, est décoré de marbre. La mezzanine est gardée de ferronneries d'art exceptionnelles qu'il a lui-même conçues.

Après la guerre le site est repris par Nord-Aviation. Vont suivre l'Aérospatiale, Matra, et le fabricant européen de missiles MBDA de 2002 à 2007.

Resté vide plusieurs années l'immeuble a fait l'objet de plusieurs projets de reconversion (dont un pour la mairie de Châtillon elle-même) avant qu'une réhabilitation complète soit opérée par la société d'investissement immobilier Stargime avec les architectes de l'agence ABH, et les Bâtiments de France.

En 2014, l'immeuble Astorial et ses 5 000 m² de bureaux sur plateaux sont ainsi disponibles à la location. Les ferronneries et portes ont été préservées, la verrière d'origine recréée, l'ensemble mis aux normes dans le respect de la mémoire du lieu. Seule la surélévation métallique du dernier étage, effectuée imparfaitement dans les années 1970, a été transformée par l'apport de vastes baies vitrées.

Cependant les clients ne sont pas au rendez-vous, possiblement par manque de transports en commun à proximité.

En 2021, voit le jour un nouveau projet de reconversion en immeuble d'habitation (47 logements locatifs). Il comporte plusieurs contraintes municipales : passage public sous la voûte, réunion des deux portions du square Dewoitine, installation de commerces, participation à la vie de quartier (crèche, agriculture urbaine…), ouverture du site lors des journées du patrimoine. La Ville de Châtillon, la société Immobilière 3F, et les architectes de l'agence Croixmarie Bourdon, doivent ainsi redonner à l'édifice « une cohérence fonctionnelle, architecturale et urbaine ».

La mise en service est prévue en 2025.

Le bâtiment est en cours de réhabilitation.

Clamart

35 - La buanderie de l'hospice Ferrari/la Médiathèque Blanchithèque.

Place Ferrari

En 1888 sont inaugurés l'hospice Ferrari de Clamart et l'orphelinat Saint-Philippe de Meudon grâce au mécénat de Marie Brignole-Sale, la richissime et philanthrope duchesse de Galliera. L'architecte n'est autre que Léon Ginain, le concepteur de l'église Notre-Dame des Champs et du prestigieux palais Galliera à Paris. Quatre ans plus tard Prosper Bobin, l'architecte de la gare du Sud à Nice et de l'église Sainte-Anne de la Butte-aux-Cailles, ajoute une buanderie destinée au traitement du linge de l'hospice et de l'orphelinat.

Cet édifice comprenait cinq niveaux : à l'entresol une pièce réservée à la réception et au tri d'une tonne de linge par jour, au sous-sol la buanderie proprement dite avec chaudière à vapeur, tonneaux à laver en cuivre et séchoir à air chaud, au premier étage une salle de repassage et pliage, au second et au troisième étages les espaces de séchage à l'air extérieur sur 400 m².

La buanderie, restée active jusque dans les années 1950, a été rachetée par la Ville de Clamart en 2003, inscrite à l'inventaire des monuments historiques, et transformée en médiathèque en 2006 par le cabinet Architecture Patrick Mauger. La Buanderie-Anne Capezzuoli a conservé ses murs de meulière et de brique ainsi que sa grande cheminée. Les espaces intérieurs ont été réaménagés et ouverts sur la ville.

Les persiennes à claires-voies évitent l'utilisation de l'air conditionné et rappellent immédiatement aux visiteurs la vocation initiale du lieu.

La médiathèque est ouverte les mardis, jeudis et vendredis de 13h à 19h, les mercredis et samedis de 10h à 19h, les dimanches de 10h à 14h.

Clichy

36 - Les entrepôts du Printemps/Amazon

Art nouveau et bazar contemporain.

69, boulevard du Général-Leclerc

Entre 1905 et 1910, en même temps que s'élevaient ses nouveaux magasins du boulevard Haussmann, la société des magasins du Printemps décide la construction d'un immeuble annexe à Clichy.

Le bâtiment en brique et métal de style Art nouveau a été pensé par les architectes Ernest Popinot et Abel Simonet en collaboration avec l'ingénieur François Hennebique* pour la structure en béton armé, la société Moisant-Laurent-Savey pour l'ossature métallique, et le déjà célèbre céramiste Alexandre Bigot pour les décors extérieurs de façade en grès flammé. Il ne s'étendait alors qu'entre l'impasse menant à la rue d'Alsace sur la droite, et son haut portail métallique sur la gauche. Ce portail sous arcade se dresse sur toute la hauteur du bâtiment. Il est coiffé d'une enseigne en demi-cercle portant le nom des Grands Magasins du Printemps. Les baies vitrées des façades nord-est et nord-ouest sont également arrondies pour l'unité du style. A l'arrière, côté rue d'Alsace, d'autres baies vitrées rectangulaires ouvrent sur une cour de transit. Le bâtiment très fonctionnel est entièrement modulable. Il est destiné à servir d'entrepôt de stockage de marchandises et d'ateliers de confection. Toiture en zinc sur l'ensemble, en coupole du côté grand portail, et pourvue d'une verrière pyramidale au centre du bâtiment.

A gauche du portail, la partie plus moderniste en béton, de style Art déco, comporte cinq niveaux et des fenêtres à angles droits sous une toiture-terrasse. Elle est l'œuvre des architectes Jules Demoisson et Georges Wybo* et date de 1923. Elle a été conçue pour abriter du matériel roulant et des chevaux et a été surélevée en 1930.

En 1993-1994 après une réhabilitation due aux architectes Bernard Reichen et Philippe Robert** et la destruction des petites structures en meulière liées aux livraisons hippomobiles, le bâtiment devient le siège social des magasins Prisunic (une filiale du groupe Printemps) avant de passer à la Fnac de 1997 à 2008 puis de rester inoccupé les années suivantes. Il est depuis 2013 le siège en France de la firme américaine Amazon dans des locaux à nouveau rénovés et mis aux normes de qualité environnementale par le bureau d'études Turnbull associés (notamment le restaurant qui a doublé sa capacité).

Ce fleuron de l'architecture industrielle du début du 20° siècle en Île-de-France est classé depuis 1991.

A noter que les 3 185 panneaux de la coupole du Printemps Haussmann créés en 1923 par le maître verrier Eugène Brière ont été stockés à Clichy entre 1939 et 1972 avant leur restauration et remise en place in situ à Paris.

L'accès au public sur le site n'est pas autorisé.

Malakoff

37 - La distillerie Clacquesin
Un lieu de mémoire très « branché ».
18, avenue du Maréchal-Leclerc

En 1860 Paul Clacquesin, pharmacien herboriste et beau-fils du fondateur d'une petite distillerie fondée en 1775 rue du Dragon à Paris, invente une « liqueur de goudron », de couleur noire, composée principalement d'une préparation de bourgeons de pins de Norvège accompagnés d'une trentaine de plantes aromatiques, infusée dans de l'alcool chauffé à 95° et additionnée de sucre caramélisé. La recette est primée à l'Exposition Universelle de 1900 et connait un succès tel que Paul Clacquesin et sa femme Pauline décident en 1903 d'ouvrir une distillerie industrielle sur un terrain de 4 000 m² situé à Malakoff, « la nouvelle Californie », tout près de Paris. Trois pins stylisés formeront l'emblème de l'entreprise.

Les premiers bâtiments en brique rouge et ocre sont agrandis en 1926 sur les plans de l'architecte Jules Guillemin par plusieurs halles destinées à abriter de nouvelles cuves, le circuit d'embouteillage et le stockage. Une cheminée supplémentaire est construite dans la cour en 1931.

Durant ces années glorieuses d'avant-guerre et avant la disparition en 1942 de Pauline, dont le rôle pour la notoriété de la marque a été fondamental, la production annuelle « du plus sain des apéritifs » a atteint les 5 millions de bouteilles et s'est exportée dans toute l'Europe, l'Afrique du Nord et même le Mexique. (« Le plus sain c'est Clacquesin » disait le slogan.)

Dans la seconde partie du 20° siècle jusqu'en 1995, une production plus confidentielle de l'ordre de 50 000 litres par an va perdurer à Malakoff avant d'être transférée à Provins.

Cette année-là Yves Bataille, l'arrière-petit-fils de Paul et Pauline Clacquesin, décide la transformation du site en « Distillerie d'évènements ».

Depuis lors, réceptions, salons, lancements commerciaux, défilés, tournages de films et évènements divers sont régulièrement organisés sur les 1 200 m² de salles disponibles. La grande halle de 700 m² où s'activait jadis la chaîne de distribution est encadrée de structures Eiffel*. La cour carrée, aujourd'hui fermée par une large baie vitrée, occupe les lieux de ce qui fut une plateforme de déchargement. L'histoire du site ressurgit avec force à la vue des cuves de stockage et de la machinerie du « musée » ou devant les séries d'alambics de cuivre, les cuves à mélanges et les bassines à caramel d'époque.

Cette ancienne usine est classée en totalité aux monuments historiques depuis 2008.

Les visites ne se font que sur rendez-vous.

Meudon

38 - Le Hangar Y
Loisirs non dirigés.
9 Avenue de Trivaux

La référence Y d'une parcelle militaire a donné son nom au hangar à dirigeables installé en 1879 à Meudon par l'architecte, ingénieur et spécialiste des constructions métalliques Henri de Dion. Fait de fer et de brique sa longueur est de 70 mètres et sa hauteur de 23 mètres. La largeur de la nef est de 24 mètres. Il est largement éclairé par des verrières sur ses façades et sur toute la longueur du toit.

Ses éléments proviennent de la Galerie annexe des machines, construite pour l'exposition universelle de 1878 (à l'instar du MK2 Quai-de-Seine sur le bassin de la Villette et du gymnase Jean-Jaurès dans le 19° arrondissement de Paris).

A l'époque le capitaine du Génie Charles Renard crée à Meudon l'Établissement Central de l'Aérostation Militaire de Chalais-Meudon, pour préparer « La Revanche » de la défaite de 1870, en concevant et en fabriquant des dirigeables (le premier vol du dirigeable La France a eu lieu en 1884 et a duré 23 minutes), des ballons captifs et des ballons d'observation. De 1921 à 1936 le Hangar Y va devenir le premier musée de l'Aéronautique ouvert au public puis, dans les années 1950, servir de réserve et de conservatoire de ses collections. En 1964 Marc Chagall y installa son atelier pour l'assemblage des panneaux de la fresque monumentale du plafond de l'Opéra Garnier.

En 1975 les collections sont transférées au Bourget (voir L'Aérogare historique page 56) et le Hangar Y est laissé à l'abandon pour plusieurs décennies.

Après l'avoir racheté en 1990 et classé 10 ans plus tard, l'État signe en 2018 un bail de 35 ans avec le groupe Culture et Patrimoine de Didier Gouband pour la remise en valeur du Hangar Y au sein du parc historique de Chalais conçu par Le Nôtre. Ces 9 hectares de pelouses et de sous-bois entourant un vaste bassin hexagonal (3 hectares, 110 mètres de côté, 8 mètres de profondeur en son centre) sont situés dans la longue perspective de 3 kilomètres qui va du château à la forêt de Meudon. A la réalisation de ce projet va s'associer l'entrepreneur et mécène d'art Frédéric Jousset et son groupe ArtNova. Avec les architectes de l'agence DATA, ils vont s'employer à rénover le hangar et valoriser le site, dans le respect de son histroire, pour en faire un centre culturel, évènementiel et de loisirs. Au programme depuis l'inauguration et l'ouverture au public en 2023 : expositions, expériences immersives en réalité virtuelle, traversées sonores, ateliers et jeux d'enfants, restaurant, promenades...

Le parc est ouvert tous les jours de 11h à 19h.

Nanterre

39 - La papeterie du Petit Parisien/le campus Arboretum
Petit Parisien et grand Nanterrois.
1, place des Papeteries

Le campus Arboretum occupe l'espace des anciennes papeteries du journal Le Petit Parisien à Nanterre.

Au début du 20 siècle une usine de papeterie est créée (apparemment construite en béton) sur une zone agricole des bords de Seine pour le journal Le Petit Parisien fondé en 1876. Elle utilise l'eau de la Seine qui est pompée, décantée et filtrée pour la préparation de la pâte à papier.

En 1900 le tirage du quotidien est de l'ordre d'un million d'exemplaires. Il doublera à la fin de de la première guerre mondiale. L'usine servira également à l'impression des autres publications du groupe dirigé par Jean Dupuy, huissier, patron de presse, puis homme politique qui occupera plusieurs postes ministériels de 1899 à 1917.

Jusqu'à la 2ème guerre mondiale l'usine poursuit son expansion en produisant divers types de papiers satinés et bouffants qui augmentent sa rentabilité. En 1943 est inaugurée une sacherie pour engrais, farine et ciment. Après la guerre et jusque dans les années 1960 le site de 35 hectares emploiera jusqu'à 1 600 personnes. Survient le temps des bouleversements avec le projet urbain de l'Établissement public d'aménagement de la Défense. En 1980 la production de papier journal s'arrête et ne reste en place qu'une seule machinerie automatique servie par moins de 200 ouvriers. La fermeture complète de l'établissement aura lieu en 2011.

Le projet de reconversion du site des Papeteries commence à voir le jour. Fin 2015 les groupes WO2 et BNP Paribas alors propriétaires des lieux, décident la construction du vaste centre d'affaires Arboretum.

Côté ville seront édifiés cinq bâtiments de bureaux bas-carbone en bois massif.

Côté Seine, deux des anciens bâtiments en béton brut de la papeterie sont réhabilités par les architectes Bruno J. Hubert, Michel Roy et Antoine Monnet : l'immeuble Comet ou « La Fabrique de la Connaissance » (le plus proche de la Seine), comprend un restaurant et un centre de réunions, conférences et séminaires, et l'immeuble Arkose ou « L'Atelier des Sports », est doté d'une salle de musculation, d'une vaste salle d'escalade (200 blocs d'escalade répartis en six niveaux) et d'une cantine restaurant « eco-friendly ».

Béton, pont roulant, grandes verrières, piliers en béton et engrenages décoratifs évoquent le passé du lieu.

Accès permanent au centre d'affaires.

Seine-Saint-Denis 93

Bobigny

40 - L'imprimerie du Journal L'Illustration/Paris XIII
L'illustration d'une reconversion réussie.
1, rue de Chablis

Dans l'angle de la rue Balzac et de l'avenue de la Convention se trouve l'ancienne imprimerie du journal parisien L'Illustration qu'il occupa à partir de 1933. Ce « journal universel » républicain fondé en 1843, qui utilisa très tôt la photogravure puis l'héliogravure et l'offset, s'entoura des meilleurs dessinateurs graveurs, photographes, journalistes et écrivains dans un souci permanent de qualité. Avec sa haute tour, le vaste bâtiment moderniste et fonctionnel de 14 500 m² a été conçu par Louis Baschet, alors codirecteur du journal (et fils de René Baschet, directeur en titre depuis 1904). Réalisé avec l'aide de ses proches collaborateurs à une époque où le succès de l'hebdomadaire ne se démentait pas il a été construit en deux ans seulement. Le tirage culminait alors à 200 000 exemplaires et il était vendu dans 112 pays. L'imprimerie de Bobigny occupera jusqu'à 450 ouvriers.
Les façades sont construites en béton à parement de brique. Elles mesurent 140 mètres de longueur dans un axe ouest-est, 90 mètres de large, et cachent deux cours intérieures carrées (une cour jardin et une cour d'entreposage) d'une quarantaine de mètres de côté chacune, séparées par une galerie nord-sud. La construction est en béton armé : poteaux-poutres et planchers, afin de supporter le poids des machines. Chacun des trois niveaux occupait une fonction particulière du processus d'imprimerie : composition, impression et reliure. À l'angle sud-est, la tour de 64 mètres qui constituait l'entrée principale de l'imprimerie et au sommet de laquelle se trouvait une gigantesque horloge à quatre côtés, dissimulait un réservoir de 350 m3 qui assurait la sécurité des bâtiments et les besoins en eau de l'imprimerie et de la production.
En 1944 le journal L'Illustration est interdit pour collaboration avec le régime nazi. Durant une dizaine d'année un nouvel hebdomadaire, France Illustration, va tenter vainement de prendre sa suite. De la sous-traitance en imprimerie maintiendra l'activité sur le site jusqu'en 1971 avant qu'il ne devienne un entrepôt pour la société Set Transport et qu'il soit progressivement dégradé puis en partie incendié et finalement abandonné. La ville de Bobigny rachète enfin l'ensemble en 1990 pour le céder à l'université Paris XIII Sorbonne.
De 1998 à 2002 les bâtiments vont être réhabilités sous la maîtrise d'œuvre de Paul Chemetov et de son collègue chilien Borja Huidobro, deux architectes de l'Atelier d'Urbanisme et d'Architecture (AUA) et de l'agence C+H+. Le projet, respectueux du bâti, prévoit l'aménagement de plusieurs IUT, la création d'un département d'activités sportives et d'un amphithéâtre. Autour de 2008 sont

créés par les architectes de Sogno architecture, Obada Nohas et l'agence Sepra, la bibliothèque, une cafétaria, et les logements étudiants de la tour.
Le site de Bobigny de l'université Paris XIII accueille aujourd'hui environ 7 000 étudiants.
La phase finale de la rénovation de l'aile sud et du corps central du bâtiment (réhabilitation des façades, mise en valeur de la structure béton et création de mezzanines métalliques) devrait s'achever fin 2024 avec les architectes d'Archi 5 sous la maîtrise d'ouvrage de l'Epaurif, l'Établissement Public d'Aménagement Universitaire de la Région Ile-De-France.

L'accès du public n'est pas autorisé dans l'enceinte de l'université.

La Courneuve

Introduction

L'histoire industrielle de La Courneuve commence autour de 1850 et s'amplifie à partir de 1886 avec l'arrivée du chemin de fer. Sur les vastes espaces encore agricoles de la commune vont progressivement s'installer des usines chimiques puis métallurgiques, reconverties durant la première guerre mondiale en usines d'armement et d'explosifs. Elles vont attirer des milliers d'ouvriers vivant le plus souvent dans des conditions précaires (les grands ensembles de logements de la ville ne seront construits que dans les années 1960). Parmi les usines implantés entre 1887 et 1914 citons Sohier (matériel pour aciéries et serres) dont les derniers bâtiments abritent des garages municipaux, Babcock et Wilcox (chaudières industrielles) dont les immenses halles en brique abandonnées et transformées en « cathédrale du graffiti » sont en cours de réhabilitation pour devenir un espace culturel, Johnson (voir page 55), Lemerle-Haumont (émeris et abrasifs), Garnier (turbines et constructions mécaniques), Corpet-Louvet (locomotives et chaudières pour locomotives) dont il ne reste rien, et Mécano (voir ci-dessous). L'agencement intérieur de plusieurs bâtiments de l'usine Rateau (turbines) construite après la première guerre mondiale et fermée en 2004, a été modifié après la reprise des locaux par le groupe Alstom Power Service ; les autres constructions ont été détruites.
Les reconversions locales ne se limitent pas à des usines, à l'image de l'Etoile Cinéma situé avenue Gabriel-Péri et devenu La Comète : une maison des pratiques artistiques en amateur dédiée à toutes les formes d'art vivant.

41 - L'usine Mécano/la Médiathèque
Aimons ses airs.
1 à 3, mail de l'Égalité

L'usine Mécano a été progressivement construite à partir de 1914 sur un terrain d'un hectare. Elle a produit de la mécanique de précision (tarauds, forets, fraises, alésoirs) et des machines-outils. Au début des année 1970 elle va employer jusqu'à 740 personnes avant de fermer en 1978 dans un contexte de désindustrialisation et malgré une intense lutte syndicale.

Au nord-ouest du site se trouvaient des ateliers de plain-pied (aujourd'hui détruits) qui seront surélevés et couverts de sheds après la deuxième guerre mondiale.

Au sud-est, toujours visible à l'angle des rues Victor-Hugo et Jules-Ferry, se dresse le bâtiment de bureaux en brique et meulière, à cinq niveaux sous un toit mansardé, complété d'un avant-corps à larges baies.

Entre les deux, d'une hauteur de 10 à 12 mètres, un bâtiment d'ateliers en étages est établi sur trois niveaux à toiture-terrasse, sur le modèle américain dit « daylight factory » (usines très lumineuses et dotées d'une structure métallique solide soutenant de vastes plateaux modulables). Il a la forme d'un E majuscule de 70 mètres sur 30 mètres. Ses façades sont ajourées de pilastres en meulière et brique. Celle tournée vers le sud ouvre sur deux cours intérieures couvertes jusqu'au premier niveau.

C'est ce bâtiment qui va être transformé en pôle administratif et en médiathèque après son rachat par la Ville en 1983 et un concours d'architecture gagné en 2010 par l'agence Flint de Véronique Tastet et Christophe Gautié.

Ces derniers vont s'employer à garder l'esprit industriel des lieux et valoriser les façades historiques avec la création d'un jardin urbain propice à la promenade, en dorant les pourtours du nom MECANO, en habillant les entrées de moucharabieh d'inox réfléchissant et en conservant la luminosité générale des locaux ; mais aussi en modifiant le contenant pour l'amener à ses nouvelles fonctionnalités, notamment en supprimant tous les planchers intérieurs et ajoutant des édicules sur les toits-terrasses, en utilisant le béton apparent ou bardé de bois, en choisissant des tailles de fenêtres différenciées selon les besoins et en tenant compte des nouveaux critères environnementaux de construction.

Le pôle administratif constitué de bureaux de taille relativement modeste est organisé sur cinq niveaux autour d'un hall d'accueil d'une hauteur de 4 mètres qui occupe l'espace de la première cour.

La médiathèque, qui nécessite de plus grands volumes, est installée sur trois niveaux. Les espaces publics occupent un rez-de-chaussée à double hauteur établi autour du hall qui emplit la seconde cour. Son plafond est également décoré d'inox. Le 3° niveau est occupé par des bureaux.

La médiathèque Aimé-Césaire (3 000 m² dont 2 000 m² accessibles aux visiteurs) est dotée d'une collection de 50 000 livres et supports numériques et dispose de 3 espaces multimédias, d'un auditorium, d'écrans TV, d'une salle de travail « silencieuse » et d'une terrasse à ciel ouvert de près de 300 m².

La médiathèque est ouverte les mardis de 14h à 20h, les mercredis, vendredis et samedis de 10h à 18h, les jeudis et dimanches de 14h à 18h.

42 - L'usine Johnson/Champagnole
En attente de reconversion.
4, rue Jules-Ferry

Par contraste, à quelques mètres de l'ancienne usine Mécano remarquablement réhabilitée en médiathèque et pôle administratif, l'usine d'Alfred et Gaston Johnson, n'a bénéficié d'aucune transformation et forme un parfait exemple de ce qu'étaient les usines industrielles installées à la Courneuve au début du 20° siècle. Elle s'établit dès 1907, tout près des voies ferrées auxquelles elle était reliée, dans un bâtiment principal sur rue construit sur deux niveaux, puis surélevé en 1910, où sera effectué l'entièreté de la production (à l'américaine : voir ci-dessus L'usine Mécano).

Murs extérieurs en brique, structure intérieure en poteaux de fonte et planchers en voutains ; linteaux légèrement arqués en brique bichrome au-dessus des larges baies vitrées qui rythment la façade. A l'arrière du bâtiment se trouve un atelier/magasin d'expédition, raccordé au bâtiment principal par une passerelle, une salle des machines et le pavillon du gardien.

L'usine va s'agrandir sur environ 160 mètres de longueur et une quarantaine de mètres de profondeur jusqu'à la rue de la Convention avec la création de garages, d'entrepôts et d'ateliers de type industriel avec toiture en shed. L'entreprise va fabriquer des machines-outils pour les fabricants de chaussures et de confection et plus tardivement des machines à coudre.

En 1920 les Aciéries de Champagnole dont le nom figure encore aujourd'hui sur la corniche du toit vont reprendre le site pour y installer leur service commercial, un dépôt d'acier, et des ateliers de calibrage et de traitement thermique des métaux. Son directeur général Paul Faber est également celui de l'usine Mécano voisine. Les deux entreprises vont évidemment collaborer et Mécano se fournir chez Champagnole en aciers spéciaux dans un souci de rationalité économique.

A la fin des années 1960 l'entreprise dont l'activité est répartie à Champagnole dans le Jura et à La Courneuve était leader du marché avec 35% de l'acier rapide produit en France. Cependant, dix ans plus tard, la concurrence étrangère, l'évolution des techniques de production, et la fermeture de Mécano en 1978 réduisent ses marges et ses profits.

De transmissions en restructurations l'activité des Aciéries de Champagnole à La Courneuve s'arrête en 1981.

Depuis, le site est occupé par des bureaux, des entrepôts commerciaux et différents services de la Ville dont un restaurant. La cour de l'ancienne usine (au n° 18) est occupée par des magasins d'alimentation et un parking. Dans l'angle de la rue de la Convention a été construit un immeuble d'habitation.

En 2023 l'agence d'ingénierie culturelle ABCD a entrepris une étude de faisabilité pour la création d'un équipement dédié pour le Pôle Sup'93, un établissement d'enseignement supérieur des musiciens-interprètes et des futurs enseignants en écoles de musique et conservatoires. A suivre.

L'accès n'est pas autorisé au public à l'exception de la cour.

Le Bourget

43 - L'aérogare historique
Le style Art décolle.
3, esplanade de l'Air et de l'Espace

A l'origine simple terrain militaire utilisé dès la première guerre mondiale, l'aéroport du Bourget est devenu civil en 1919. Lindbergh y a atterri en 1927 à l'arrivée de son vol historique New-York Paris devant 200 000 spectateurs.
L'aérogare a été construit pour l'exposition universelle de 1937, dans le style Art déco, par l'architecte Georges Labro et l'ingénieur Henri Lossier.
La série de travées de béton de la Grande Galerie s'étend sur 233 mètres. Sa profondeur est de 30 mètres. Côté esplanade la façade tramée de baies vitrées rectangulaires prend la forme d'un avion. Côté pistes les terrasses bastingages et la tour de contrôle en avancée évoquent la forme d'un paquebot et de sa proue.
Lors de sa construction l'entrée principale du hall d'honneur était précédée d'un fronton portant les blasons de ville desservies par l'aéroport. Ce fronton a été remplacé en 1940 par trois statues d'Armand Martial symbolisant les continents : l'Occident (en bas), l'Afrique et l'Extrême-Orient (en haut).
Entre 1973 et 1975, avec l'ouverture de l'aéroport de Paris-Charles-de-Gaulle, le trafic du Bourget s'oriente vers l'aviation d'affaires. Les collections du musée de l'Air de Chalais-Meudon (voir page 49 Le Hangar Y) sont transférées dans la Grande Galerie et progressivement présentées au public dans plusieurs espaces ouverts les uns après les autres jusqu'en 1983.
L'entrée du musée de l'Air et de l'Espace (le nom du musée a changé cette année-là) se fait dorénavant par la salle des Huit Colonnes, une merveille architecturale généreusement éclairée par trois voûtes et une demi coupole en pavés de verre, rénovée en 2012/2013 à l'identique grâce à des photographies de l'époque : comptoirs Départ et Arrivée, verrière voûtée, colonnes, sol en damier, escaliers menant à la tour de contrôle et horloge monumentale (avec les douze horloges qui l'entourent). Ces travaux ont été suivis les années suivantes de la restauration de la tour de contrôle, des terrasses et des façades.
La Grande Galerie intégralement rénovée a été inaugurée en 2019 pour le centenaire du musée. 300 000 visiteurs s'y pressent chaque année pour admirer l'espace des pionniers, les avions de combat, le Concorde, les avions cargo, les hélicoptères, les fusées Ariane 1 et 5... et se replonger avec ravissement dans l'histoire de l'aéronautique française.

Le musée de l'Air et de l'Espace est ouvert du mardi au dimanche de 10h à 17h.

Les Lilas

44 - L'usine de jouets Dreyfuss et Riès
La culture côté cour.
81, rue Romain-Rolland

Bien que de relativement petite taille l'ancienne manufacture de jouets Dreyfuss et Riès puis Dreyfuss et Cie, présente un intérêt certain en matière architecturale et pour le nombre d'entreprises qui se sont succédées sur le site jusqu'à aujourd'hui.

L'ensemble en brique rouge a été construit vers 1925 entre l'entrée du 81, rue Romain-Rolland et l'arrière de l'immeuble sis 44, boulevard de la Liberté (qui était la plus prestigieuse adresse officielle de l'entreprise), sur une superficie d'environ 1 400 m² de part et d'autre d'une cour intérieure tout en longueur.

Les bâtiments à deux niveaux sous des toits à longs pans possèdent une charpente en bois encore visible et de longues baies vitrées horizontales offrant un fort éclairage aux ateliers qui ouvrent tous logiquement sur la cour. Ils sont caractéristiques des d'ateliers de production manuelle ou peu mécanisée du début du 20ᵉ siècle. Seul le bâtiment principal situé à l'entrée possède un niveau supplémentaire doté de trois petites fenêtres carrées. Le fond de la parcelle a été clos sous forme de voie privée occupée par des logements privatifs.

La production de jouets et de bimbeloteries de Dreyfuss et Riès a perduré jusqu'en 1940. Puis se sont installés plusieurs artisans et petits industriels tels l'imprimerie Barrière, à laquelle a succédé l'imprimerie Epel (société d'Edition, de Publicité et de Librairie), l'usine de cartonnage Caland, l'émailleur Chesneau, auquel ont succédé les établissement Maignet Frères (émaillage, peinture, vernis) jusqu'en 2007, le souffleur de verre Duflos et fils, auquel a succédé la verrerie Ampoulex.

De nos jours, à l'exception de la Sellerie Française qui fabrique des articles de voyages, de maroquinerie et de sellerie, se sont établies des associations à vocation culturelle dont Krutt (atelier de poterie), Est 81 (création artistique en Art plastique) ; La Volia (école d'art dramatique et formation professionnelle d'acteurs) ; Bloom (art du spectacle vivant) ; et Lilatelier, un centre de culture et de création artistique organisant expositions et ateliers.

La cour de l'ancienne usine est ouverte en permanence.

Montreuil

Introduction

La ville de Montreuil est actuellement la quatrième ville la plus peuplée de la couronne parisienne après Boulogne et Saint-Denis. Elle n'arrive toutefois qu'à la 24ᵉ place en densité de population.

L'activité tournée au début du 19° siècle vers les cultures maraîchères (les murs à pêches de Montreuil sont réputés) se déporte vers l'exploitation du gypse dans les trois carrières de la ville jusqu'à occuper 50% de la population ouvrière. A partir de 1820 c'est dans le Bas-Montreuil en lisière de Paris, Bagnolet, Saint-Mandé et Vincennes, et dans des zones plus fortement urbanisées que viennent s'installer les premières entreprises industrielles, à commencer par l'usine chimique Milori, une scierie (la Société Parisienne de Tranchage et de Déroulage dont il ne reste que le portail rue de Lagny), des ébénistes et quelques ateliers de porcelaine. En 1908 la maison de jouets JEP ouvre au 94, rue de Paris ; elle occupera 7 000 ouvriers avant la seconde guerre mondiale mais pour diverses raisons économiques sera liquidé en 1968.

La majorité de ces locaux d'activité ont disparu. De la maison Pernod (fusionnée en 1926 avec la fabrique de liqueurs d'Aristide Hémard fondée en 1872) qui produisait 8000 litres de liqueur anisée à l'heure avant-guerre et occupait une superficie d'un hectare en face de l'usine JEP, ne reste que le château d'eau aujourd'hui transformé en immeuble de bureaux (le château d'eau est visible depuis la rue de la Révolution).

Quelques reconversions toutefois ont été mises en œuvre à la fin du 20° siècle comme celle de la peausserie Chapal (voir page 59), celle de l'usine de papiers Dumas (voir ci-dessous) ou de la biscuiterie La Basquaise reconstruite entre 1932 et 1941, puis transformée en hôtel industriel en 1989 par les architectes Paul Chemetov et Borja Huidobro.

45 - L'usine de papiers peints Dumas
Du papier couleur à la toile Orange.
67, rue Robespierre

Par son importance et sa situation à proximité de la place de la République à Montreuil, l'usine de papiers peints Dumas (fabrication d'articles en papier ou en carton : papier peint, toilette, emballage, ...), devenue centre de formation et hôtel d'entreprises dans les années 1985, constitue un exemple remarquable de reconversion et de conservation du patrimoine de l'Île-de-France.

Les premières structures avaient été construites en 1913 par les architectes Lecoeur et Jodard pour le designer, décorateur et entrepreneur parisien Paul Dumas sur le terrain de l'usine désaffectée des papiers peints Valette qu'il avait racheté sept ans plus tôt.

A la suite d'un incendie qui les ravagea le 8 juin 1921, un bâtiment moderne de six étages en béton, très lumineux, aux formes simples et carrées, aux lignes épurées fut reconstruit en six mois seulement, entre la rue Robespierre et la rue Marceau, par l'ingénieur-architecte Jules Demoison.

En 1928 une extension, réalisée probablement par le même Demoison, est construite vers la partie centrale de la rue Raspail portant la surface totale de plancher de l'usine à 30 000 m².

A cette époque l'activité est à son apogée : 750 employés étaient en activité sur le site en 1928, ils seront 859 un an plus tard. Selon le ministère de la Culture « vers 1930, la production journalière se monte à 50 km de tissus et 70 000 rouleaux de papiers. Les magasins peuvent contenir 20 000 pièces d'étoffes et deux millions de rouleaux » imprimés jusqu'à 24 couleurs.

Après la guerre cependant l'activité de l'usine décline. L'effectif est ramené à 130 personnes à la fin des années 1940.

En 1948 le bâtiment du 39-45, rue Raspail est vendu à l'Organisation reconstruction travail (ORT), une œuvre philanthropique destinée aux juifs déshérités, et devient Lycée privé Daniel-Mayer (du nom du ministre du travail de l'époque).

Les locaux du 66-72, rue Marceau sont cédés à l'entreprise d'électronique Grandin, filiale de Thomson, qui connaitra en 1975 une lutte sociale intense pour la préservation de ses 500 emplois.

Avec la désindustrialisation en marche l'usine Dumas dépose le bilan trois ans plus tard en 1978.

Après avoir été racheté à la ville, le bâtiment de la rue Robespierre est réhabilité à partir de 1983 par la société d'économie mixte de Montreuil et Bagnolet (SEMIMO B), en vue de la création d'un hôtel industriel devant accueillir une quarantaine de petites entreprises du secteur des médias. Il s'agissait alors notamment d'une rénovation des peintures, de percements de puits de lumière et de la création de salles de réunions.

A nouveau réaménagé en open-spaces en 2018 par Farcot et Associés sous la maîtrise d'œuvre de la société Orange Bank dont c'est le siège depuis 2009, il occupe aujourd'hui 450 salariés tous menacés par la fermeture à court terme du site.

\# L'accès au public n'est pas autorisé sur le site.

46 - L'usine de pelleterie Chapal
Des peaux-arts aux beaux-arts.
2, rue Marcelin-Berthelot

25 ans après la création d'un premier atelier et d'un magasin de vente de peaux de lapin au 33, rue de la Roquette à Paris, les établissements de pelleterie, coupure et teinture de Léonard Chapal viennent s'installer au 26, rue de Vincennes à Montreuil en 1857.

À la fin du 19° siècle le succès commercial est mondial. Une usine est créée à Brooklyn par Émile Chapal (le fils de Léonard) et en 1881 le site de Montreuil doit s'agrandir.

La nécessité de pouvoir traiter une vingtaine de millions de peaux de lapin, de ragondin, d'opossum, de rat musqué ou de renard par an (le tiers de la production française), par des procédés mécanisés originaux brevetés, entraîne à partir de 1895 la construction de nouveaux ateliers entre le 14, rue Kleber et la rue du Sergent-Bobillot, ainsi qu'au 9, rue Kleber à l'angle de la rue Marcelin-Berthelot. Ce dernier bâtiment incendié en 1909 est reconstruit deux ans plus tard, en brique et métal, sur les plans des architectes Charles Plisson, Testel et Eugène Coutereaud.

D'autres extensions vont suivre dans l'entre-deux-guerres jusqu'à ce que l'usine couvre environ 8 000 m² de terrain de part et d'autre de la rue Kleber.

En 1932 Chapal possède une dizaine d'usines dans le monde et emploie 3 000 personnes dont un millier à Montreuil. Les années suivantes elle va entamer sa diversification vers « le tannage et la teinture de fourrures fines, de peaux de moutons et de cuir ».

Le site de Montreuil va cependant arrêter sa production en 1968 et servir d'entrepôt de stockage jusqu'en 1990. Ces années-là la désindustrialisation s'affirme, et le commerce des fourrures décline avec la sensibilisation du public au bien-être des animaux et à cause de la pollution que ces transformations engendrent.

À l'initiative de Jean François Bardinon, son président et descendant des fondateurs, le groupe Chapal se recentre sur le prêt-à-porter de luxe et la maroquinerie, le traitement du cuir étant effectué dans une usine de la Creuse.

A partir de 1995 les structures situées du côté impair de la rue Kléber, toujours propriété du groupe Chapal, sont cependant préservées et reconverties en logements et ateliers pour une soixantaine d'artistes peintres ou sculpteurs.

Du côté pair de la rue Kleber le site a été vendu en 2011 à la société Nessus (une société spécialisée dans la reprise d'anciens locaux industriels). Avec le concours de l'agence SOA Architectes est en projet la création, autour d'un grand jardin, de locaux d'enseignement et de commerce et la construction de 106 logements étudiants avec conservation de la quasi-totalité des volumes et structures existantes (façades en brique, baies vitrées et poutres métalliques) avec une certification HQE.

Les visites ne sont possibles que lors des journées portes ouvertes des ateliers d'artistes de Montreuil chaque année au mois d'octobre.

Noisy-le-Grand

47 – Le fort de Villiers
Un fort beau parcours.
Rue Paul-Belmondo

Le fort de Villiers bâti par le commandant Joachim Richard fait partie d'une « deuxième ceinture » de 18 forts et de 39 batteries édifiées sur les plans de l'ingénieur militaire et général Raymond Adolphe Séré de Rivières* entre 1874 et

1880, à une quinzaine de km autour de Paris, pour renforcer ses défenses après la tragédie de la guerre de 1870. Il fait partie de la barrière défensive de l'est parisien avec les forts de Vaujours et Chelles au nord et de Champigny (voir page 78) et Sucy au sud.

Surnommé « Tête de pont de la Marne » le fort de Villiers est notamment censé protéger les ports de Bry-sur-Marne, Nogent, Joinville et Champigny et la voie ferrée allant de Paris vers Troyes et Chaumont.

L'ensemble enfoui sous la terre est de forme trapézoïdale et entouré de profonds fossés dont l'excavation a servi à couvrir les casernements. Il occupe environ quatre hectares. On y accède par un seul pont-levis. Deux caponnières conçues pour sa défense rapprochée étaient installées aux angles sud et est. Une rue intérieure dite rue des Remparts ceinture les casernements et monte vers les anciennes plateformes de tir dotées à l'époque de canons de 80 à 220 mm.

Les façades des casernements sont de style néo-classique et constituées de moellons de pierre et de pierres de taille (ainsi que les salles qui sont voûtées). Les travées sont séparées par des pilastres soutenant des arcades. Au nord-ouest de la cour rectangulaire, le pavillon de officiers offrait une quarantaine de places. Au sud-est le casernement principal, élevé sur deux niveaux, était prévu pour 350 soldats.

Le site n'a en réalité joué aucun rôle défensif remarquable durant les conflits du 20° siècle. Il n'a servi que de garnison et de poste de défense anti-aérienne lors de la première guerre mondiale, puis a abrité un cantonnement de troupes allemandes lors de la seconde, avant d'être abandonné.

A partir de 1954 il va héberger des sans-abri. En 1956 particulièrement, l'association Emmaüs y loge des personnes démunies venant de Paris ou de Neuilly-Plaisance (la ville de l'auberge de jeunesse créée par l'abbé Pierre) qui seront rejointes en 1962 par des travailleurs algériens.

Au fil des années le centre se paupérise et devient un bidonville déclaré insalubre en 1969. Ses derniers habitants ne le quitteront pourtant que cinq ans plus tard.

L'Établissement public d'aménagement du Val de Marne en fait l'acquisition auprès du ministère de la défense en 1973 avant de le céder à la ville de Noisy en 2001.

Entre 1980 et 2008 des associations culturelles ou sportives (musique, colombophilie, tir sportif, plongée…) et des familles en difficultés vont l'occuper avant une interdiction d'accès pour dangerosité. Cette fermeture entraîne des actes de vandalisme et inspire à Patrick Cotte, un passionné d'histoire et d'architecture militaire, la création de l'Association de sauvegarde du fort de Villiers. Depuis 2008 il œuvre pour sa conservation et sa réhabilitation, sert de guide à des jeunes architectes ou à d'autres passionnés, participe aux visites organisées lors des journées du patrimoine et a favorisé avec les élus municipaux la création en 2021/2022 de la promenade de découverte de la rue du Rempart et de la plateforme de tir.

Selon la mairie de Noisy qui a financé une première campagne de remise en état entre 2016 et 2017 et qui cherche un mécène ou un sponsor intéressé, le fort est destiné à devenir un espace associatif ou collaboratif.

Casus Belli, le projet de sa rénovation porté par Clément Raimbault et Enguerran Willaume-Real, de l'école d'architecture de Nancy a obtenu le premier prix du concours Wilmotte en 2018.

La promenade est accessible de façon permanente, toute l'année et tous les jours d'avril à octobre de 8h à 20h et de novembre à mars de 8h à 19h.

Pantin

Introduction

Grâce à sa proximité avec la capitale, les deux routes nationales qui la traversent, la mise en service du canal de l'Ourcq en 1813 et l'arrivée du chemin de fer en 1864, Pantin est rapidement devenue à la fin du 19° siècle l'une des villes les plus industrialisées de l'est parisien. Le trafic du canal est alors dominé par le bois qui arrive des grandes forêts de l'Aisne, les pierres de taille et moellons de la vallée de l'Ourcq, les briques et le plâtre, ainsi que le blé et les farines de Meaux destinés aux Grands Moulins de Pantin.

A cette époque les premières usines s'implantent sur des terrains agricoles telle la Société française des cotons à coudre dite Cartier-Bresson sur 14 000 m² près du cimetière (il n'en reste que quelques ateliers réhabilités à la fin du 20° siècle). D'autres suivent : des chaudronneries comme la chaudronnerie Lebel (voir page 65), des parfumeries et des savonneries, des distilleries telle la distillerie d'absinthe Delizy et Doistau sur l'avenue Jean-Lolive, des manufactures de tabac ou d'allumettes, des verreries ou des fabriques de meubles comme la manufacture Louis (voir page 67).

Certains bâtiments de l'importante société Motobécane installée rue d'Estienne d'Orves en 1926 ont été réhabilités et ont hébergé le Centre International de l'Automobile de 1989 à 2002 avant d'être occupés par des ateliers de la société Hermès. Rue Méhul, ceux des usines Marchal (phares, bougies, dynamos et alternateurs), construits en 1923 en métal, en verre et brique, ont été transformés en logements en 2017.

Plusieurs entreprises prestigieuses sont aujourd'hui présentes à Pantin à l'image de Bourjois (depuis 1891), Chanel rue du Cheval-Blanc (depuis 2012), BNP Paribas dans les Grands Moulins (voir ci-dessous) ou l'agence de publicité BETC installée dans les anciens Magasins Généraux (voir page 64) du quartier du port, une Zac complètement transformée par le cabinet de la paysagiste urbaniste Jacqueline Osty à partir de 2016.

De l'autre côté du canal les travaux de reconversion en espace de loisirs et en campus d'entreprises des anciennes halles de l'usine de tubes Pouchard, construites entre 1947 et 1954, doivent se terminer autour de 2027. Les nouvelles halles, renommées Grandes Serres, seront reliées à la place de la Pointe par une passerelle.

Ces mutations urbaines et l'arrivée récente de cadres du secteur tertiaire à Pantin conduisent à une lente « gentrification » de cette ville à la longue tradition ouvrière.

48 – Les Grands Moulins de Pantin/BNP Paribas
Un promoteur bien nommé.
9, rue du Débarcadère

La société des Grands Moulins de Pantin, judicieusement installée entre le canal de l'Ourcq et les voies ferrées de la gare de l'Est, existe depuis 1884. Avec ceux de Corbeil et ceux de Paris les moulins de Pantin ont servi à approvisionner la capitale en farine jusqu'en 2001.

Les premiers bâtiments ont été détruits à la fin de la première guerre mondiale et reconstruits entre 1923 et 1927 par l'architecte Eugène Haug (le successeur de Paul Friesé*) et l'ingénieur Edouard Zublin.

Ils comprenaient un silo à quatre travées de stockage vertical pouvant stocker 70 000 quintaux de farine (étendu à sept travées et 130 000 quintaux dans les années trente), une centrale thermique, une chaufferie flanquée d'un silo à charbon, un moulin de huit étages culminant à 52 mètres, avec ossature en béton armé et parement de briques blondes du Nord (les grains étaient broyés grâce à une série de 24 meules et la production atteignait 5 000 quintaux par jour), et un beffroi de 47 mètres orné d'horloges, doté d'un escalier tournant et d'un réservoir d'eau anti-incendie à son sommet.

Une première reconstruction menée par Léon Bailly a lieu après un incendie survenu peu avant la libération de Paris. Le silo à farine dit Grand Moulin ou silo canal sera surélevé pour atteindre 13 étages, les planchers seront reconstruits en béton armé ignifuge. Une nouvelle semoulerie (moulin plus silo), aujourd'hui disparue, verra le jour.

De nouveaux silos seront édifiés dans les années 1960 par l'architecte Pierre Bauer en complément d'ateliers, de garages et d'autres bureaux conçus par Alain Bailly.

En 1981, la production quotidienne des moulins, portée par 220 personnes, est portée à 12 000 quintaux. Cependant dans les années 80/90, avec la concurrence internationale des boulangeries industrielles, la baisse des exportations et les modifications des habitudes de consommations, comme à Corbeil, les moulins s'automatisent et les effectifs diminuent.

En 2001 le groupe Soufflet (voir aussi Les Grands Moulins de Corbeil page 42), propriétaire du site depuis 1996, vend la minoterie à Meunier Immobilier d'Entreprise, une filiale de la BNP, qui décide de la transformation des lieux en bureaux.

Cette transformation HQE avec conservation des principales structures architecturales sera menée par le cabinet d'architecture et d'urbanisme Reichen

et Robert** avec pour principe « se nourrir de l'existant pour le révéler et intégrer des éléments de modernité pour l'ancrer dans le présent et la dynamique future ».
Les toitures à pans brisés, les tours, les façades des principaux bâtiments et la symbolique passerelle de chargement des péniches sont conservés.
L'aménagement intérieur quant à lui est totalement repensé : des atriums sont construits, des open-spaces occupent les étages des silos, des verrières tournées vers le canal donnent la lumière à l'intérieur de l'ancien moulin. Plusieurs nouveaux bâtiments, de moindre hauteur pour la préservation du site, vont compléter sa transformation.
La livraison de 50 000 m² de bureaux a eu lieu en 2009. Les bâtiments sont aujourd'hui occupés par plus de 3 000 salariés de BNP Paribas Securities Services.

L'accès du public n'est pas autorisé.

49 – Les Magasins Généraux/BETC
Magasins agencés et canal de com'.
1, rue de l'Ancien-Canal

Situés devant un bassin du canal de l'Ourcq entre les gares de marchandises de Noisy-le-Sec et de Pantin, les Magasins Généraux de Pantin ont été conçus pour l'entreposage de denrées coloniales, d'alcools, de grains et de farine, de machines-outils, et même d'automobiles, à destination des Parisiens. L'ingénieur Alfred Chouard et l'inspecteur des ponts et chaussées, ingénieur et architecte Louis Suquet sont les auteurs des deux bâtiments construits en béton armé et inaugurés en 1931 par la Chambre de Commerce et d'Industrie.
En s'élevant les six niveaux ont une hauteur sous plafond décroissante qui tient compte des variations de leur charge et de leur fonction. Quatre d'entre eux sont entourés de coursives. L'ensemble représente une surface de planchers d'environ 18 000 m².
Dans les années d'après-guerre les magasins vont également stocker du charbon, du fuel et du papier de presse. Avec la croissance des importations Le Grenier de Paris devenu magasin de douane est alors au sommet de son activité avec un effectif de 120 personnes dont une trentaine de dockers.
Cependant, dans les années 1970 et 1980, la simplification des procédures administratives à l'international et les nouvelles pratiques logistiques mettent un frein à cette expansion. La centaine d'employés encore actifs en 1974 est divisée par quatre 10 ans plus tard.
Les entrepôts ferment au tournant des années 2000. Ils sont alors immédiatement investis par des dizaines de tagueurs (dont le célèbre artiste pantinois Da Cruz) qui recouvrent la totalité des façades de leurs graffitis.
En 2004 la Société d'économie mixte locale d'aménagement, de construction et de rénovation de la Ville de Pantin (Semip) rachète le site à la Chambre de Commerce de Paris. Une Zac est créer pour l'aménagement de logements, de commerces et de bureaux dans le quartier du Port.

Sous la maîtrise d'ouvrage de Nexity et de BETC (voir plus bas) une transformation d'ampleur des bâtiments (qui s'inscrit dans les schémas de revalorisation des friches industrielles du canal de l'Ourcq et du nord de Paris) est entreprise par l'architecte Frédéric Jung entre 2012 et 2016. Il s'agit de maintenir et de restaurer les structures d'origine : poteaux-poutres, plateaux et coursives, d'aménager le passage et les passerelles de liaison entre les deux bâtiments, de faire entrer la lumière dans les étages, d'ouvrir une salle de spectacle et des commerces au rez-de-chaussée (dont le Dock B, restaurant de la Bellevilloise), de dessiner les plans d'un restaurant et de studios au premier étage, et d'open-spaces dans les étages supérieurs, et de créer des patios intérieurs ainsi qu'un jardin en terrasse.

En 2016 enfin, l'agence de publicité et agence digitale de premier rang BETC, fondée en 1995 par Rémi Babinet, Mercedes Erra et Éric Tong Cuong, investit les lieux avec ses 800 salariés. A leur activité principale s'ajoute la création d'un véritable centre culturel associant différents acteurs (résidents, marques, collectivités...) qui organise des festivals de musique actuelle, des ateliers créatifs, des conférences et des expositions d'art contemporain.

Des visites patrimoniales du site sont organisées par l'agence BETC. Les expositions sont ouvertes au public du mercredi au dimanche de 14h à 19h.

50 – La chaudronnerie Lebel/Thaddaeus Ropac
Dans le chaudron de l'art contemporain.
69, avenue du Général-Leclerc

La chaudronnerie industrielle N. Lebel a été fondé en 1900. A la fin de la première guerre mondiale elle ouvre, au n° 69 de la route des Petits-Ponts (la future avenue du Général-Leclerc), un atelier de chaudronnerie et de réparation de chaudières qui va rapidement s'agrandir et devenir son siège social.

Les premiers bâtiments datent de 1918. Ils sont simples et fonctionnels et ne présentent aucune caractéristique décorative ou prestigieuse. A l'entrée de la parcelle se trouvent un hangar et la loge du gardien. De l'autre côté de la cour de manutention pavée, un atelier principal, ossature bois – y compris les charpentes – et murs de remplissage en brique (type pans de bois), éclairage et aération zénithal, d'une hauteur de 7 à 12 mètres, de forme rectangulaire (30 m x 40 m), composé de deux halles de 10 mètres de large sur 40 mètres de long séparées par une travée centrale) abritait les forges et les différentes machines spécialisées : perceuses, tours, meules et poinçonneuses. Côté sud-ouest une quatrième halle parallèle aux premières, sera ajoutée en 1930. A l'est des nouvelles structures seront édifiées en 1941.

Dans les années 1950 les établissements Lebel s'étaient spécialisés dans les conduites de vapeur en cuivre, fer ou acier, les équipements de châssis automobile pour les transports d'essence, boissons alcoolisées et produits chimiques, et les cuves métalliques émaillées. Ils occupaient encore une vingtaine d'ouvriers. L'arrêt de l'activité sur ce site date de 1996.

Thaddaeus Ropac est un galeriste autrichien passionné d'art contemporain. Au début des années 2010, déjà propriétaire de galeries à Salzbourg et rue Debelleyme dans Le Marais à Paris, il cherche un nouvel espace d'exposition d'œuvres de grande dimension.

Son choix se porte sur l'ancienne usine de Pantin. Il ne sait pas encore qu'elle est située à quelques centaines de mètres seulement de là où s'installera, rue Cartier-Bresson, Le Centre National des Arts Plastiques (dont l'ouverture a été repoussée en 2027). Il confie à Frédéric Descamps de l'agence Buttazoni & Associés le réaménagement des 4 700 m² de l'ancienne usine avec la contrainte (ou l'opportunité) de la préservation de ses structures historiques. L'inauguration a lieu en 2012. Dans un cadre uniformément blanc des murs aux charpentes, les 1 500 m² de la travée centrale et des deux halles sud-ouest sont réservés aux salles d'exposition. Parmi les artistes exposés depuis lors relevons les noms d'Andy Warhol, Robert Rauschenberg, Miquel Barceló, Georg Baselitz, Sean Scully, Alvarro Barrington et Alex Katz.

La halle nord-est et les autres bâtiments abritent des bureaux, un espace de stockage des œuvres, et un espace multimédia de conférences ou de spectacles. La loge du gardien a été remplacée par le Café bleu.

La galerie est ouverte du mardi au samedi de 10h à 19h.

51 – La gare de Pantin marchandises/la Cité Fertile
Un écoquartier sur les rails.
14, avenue Édouard-Vaillant

La gare de marchandises de Pantin de la Compagnie des chemins de fer de l'Est a ouvert en 1864. Ses bâtiments ont été occupés jusqu'au début des années 2000 par la Sernam une filiale de transport de bagages et de colis de la Sncf.

Au cours du 20° siècle et jusqu'à aujourd'hui l'emprise de la Sncf à Pantin a été considérable. Ses voies et zones de triage et d'entreposage traversent la ville en son cœur, d'est en ouest, sur environ 20% de son territoire, en la coupant en deux. Avec la demande croissante de nouveaux logements, de bureaux et d'espaces de vie, la transformation économique et sociale de certains quartiers désindustrialisés ou de friches ferroviaires parfois complètement abandonnées devient indispensable au développement de la ville.

L'expérience qu'a représenté la création d'un lieu culturel et festif temporaire dit La Cité Fertile dans l'un de ces quartiers avait fait l'objet d'une réflexion approfondie entre 2007 et 2013. En 2016 l'agence Sinny & Ooko (voir aussi La gare Boulevard d'Ornano page 25) obtient la validation de la Sncf pour l'expérimentation d'un « tiers-lieu transitoire » sur un espace d'environ 1 hectare sur les 16 hectares dont elle est propriétaire, à l'intérieur d'une Zac de 45 hectares en projet de transformation vers la construction d'un écoquartier.

Deux ans plus tard les premiers résidents s'installent autour de La Cour (un terrain de jeux végétalisé de 6 500 m²) dans les anciens bâtiments de la gare dont les deux principaux sont renommés : Les Cuves (une brasserie locale de la Paname Brewing Company qui ne va pas tarder à commencer sa production) et Le Préau (un lieu destiné à l'évènementiel).

Les activités s'étendent avec l'arrivé d'Incoplex 93, un incubateur de start-up qui offre un accompagnement personnalisé aux jeunes entrepreneurs. Puis sont organisées au fil des ans des manifestations consacrées au climat, à la biodiversité, à l'égalité hommes-femmes et de nombreux évènements culturels ou festifs. Les résidents de la Cité ouvrent un potager puis une ruche, un magasin coopératif et autogéré, des stands de street food, un bassin de récupération des eaux de pluie, un four à pain, un café-restaurant nommé La Source et même un terrain de beach-volley.

L'expérience devait se terminer en 2022. Elle perdure dans l'attente d'accords définitifs entre la compagnie des chemins de fer et les élus locaux.

La cité est ouverte du lundi au jeudi de 12h à 15h, les vendredis et samedis de 12h à 2h.

52 – La manufacture de meubles Louis
Comment rentrer dans ses meubles.
39, rue Victor-Hugo – Mail Pierre-Desproges

En 1907 Fréderic Louis, propriétaire d'une usine de meubles établie à Paris 19° depuis 1890, décide d'agrandir ses locaux et de s'installer à peu de frais à une encablure du canal de l'Ourcq afin de faciliter ses approvisionnements en bois de hêtre et de peuplier en provenance de la forêt de Retz et de la Ferté-Milon (à soixante-dix kilomètres en amont de Pantin) ainsi que du charbon qui sert à faire fonctionner ses machines à vapeur, via les canaux du nord et la Seine.

Entre janvier 1908 et avril 1909 l'architecte Etienne Jacquin va faire exécuter, sur une parcelle de 8 000 m², une série de bâtiments modernes (prévention du feu, tout-à-l'égout, grande baies vitrées...) dont certains prestigieux (pour valoriser l'usine à l'entrée de la clientèle côté rue Victor-Hugo), en meulière et brique polychrome. L'utilisation de céramiques pour son enseigne « F. Louis Manufacture de Meubles » ajoute une pointe de style Art nouveau à l'ensemble.

Le traitement du bois est organisé autour d'un passage allant de l'Ourcq à la rue Victor-Hugo.

A l'entrée du site côté canal, et disposés autour d'une courette, se trouvent une chaufferie, un séchoir et une salle de traçage.

Au centre, dans le U d'une vaste cour pavée de grès se dresse le beau bâtiment de la scierie proprement dite avec, au rez-de-chaussée, la salle des machines (sous verrière) et en étages, les ateliers d'assemblage des meubles.

Plus près de la rue Victor-Hugo, de part et d'autre de la cour se situent, à l'est : le dépôt de meubles et son quai de chargement abrité par une marquise, une écurie, une sellerie et la loge du gardien ; à l'ouest : les locaux administratifs et des logements pour les employés, une salle de billard et le pavillon d'habitation des propriétaires.

Entre 1922 et 1924 Félix Louis, le fils de Frédéric, entreprend des travaux d'agrandissement notamment des ateliers et du pavillon d'habitation sous le contrôle des architectes Marcel Fournier et J-A Tisseyre et fait construire des hangars le long du quai de l'Aisne et de la rue de la Distillerie.

La fabrication des meubles va s'arrêter avec la seconde guerre mondiale. L'usine cependant restera toujours occupée, jusqu'aux années 2000, par une série d'entreprises aux activités diverses : textile (Établissements Bejean), colles (Minnesota), imprimerie (Danel), matériel de bureau (Rémington), électroacoustique (Michel Picot), composants électroniques (Dihor).

La reconversion totale du site est menée à partir de 2010 par l'agence Architecture Développement d'Alain Lelieur et Eric Santoro, sous la maîtrise d'ouvrage d'Icade. Le projet prévoit l'aménagement de commerces, d'espaces verts, et de 241 logements traditionnels à construire pour la majorité dans les nouveaux bâtiments qui vont prendre la place des anciens hangars et pour quelques-uns dans les locaux patrimoniaux de l'ancienne usine.

Les façades et la structure des bâtiments situés autour de la cour pavée ont été conservées à l'identique. Une section administrative de la Ville de Pantin y gère le Relais petite enfance et un Relais des parents.

La cour pavée, le passage vers le canal et la courette, réaménagés pour le public et dotés d'un jardin arboré, ont pris le nom de mail Pierre-Desproges.

Le mail Pierre-Desproges est ouvert en permanence.

Saint-Denis

Introduction

Cette ville médiévale est le lieu de la dernière résidence des rois de France de Dagobert à Louis XVIII. Elle s'est constituée autour d'une première basilique édifiée au 5° siècle puis de celle qui l'a remplacée et que nous connaissons aujourd'hui, construite au 12° siècle par l'abbé Suger.

Saint-Denis a l'avantage d'être située près de la capitale et sur l'axe direct menant au nord de la France et à l'Europe du nord. Du 9° au 18° siècle des foires commerciales annuelles (le nom de foire du Landy est attesté au 11° siècle) attirent des marchands venus de tout le continent jusqu'au Proche-Orient. Au 17° siècle Louis XIV fait établir à Saint-Denis des filatures et des teintureries.

En 1809 Napoléon institue la maison de la Légion d'Honneur pour les filles des légionnaires.

Le canal de Saint-Denis (qui relie le canal de l'Ourcq à la Seine à l'ouest de la ville) et la gare ferroviaire sont respectivement inaugurés en 1821 et en 1846.

Les décennies suivantes et notamment après les destructions de la guerre de 1870, le développement industriel va prendre une place prépondérante dans l'évolution de la cité, notamment dans le quartier de La Plaine (bouleversé dans la seconde partie du 20° siècle par la construction de l'autoroute A1) et celui de Pleyel (du nom d'une usine de pianos installée en 1865 sur 5 hectares boulevard d'Ornano) avec l'implantation d'une centaine d'usines parmi lesquelles des usines à gaz (Société du gaz de Paris), des verreries (Legras), des usines d'automobiles (Hotchkiss), des orfèvreries (voir La manufacture Christofle plus bas). Il va de pair avec l'arrivée de milliers d'ouvriers souvent pauvres à la recherche d'un emploi.

Au début du 20° siècle s'installent des groupes plus importants (Électromécanique Jeumont Schneider, Constructions électriques Thomson, la Seita) et des journaux locaux. L'usine thermique Saint-Denis I date de 1905 et son extension Saint-Denis II du début des années 1930 (voir page 72).

A la fin des années 1920, près de la gare de triage de la Chapelle, l'architecte Guillemaut avait construit le Dock des alcools avec des voûtes de béton précontraint très minces, typiques de l'architecture industrielle de l'époque. Après des travaux de rénovation entre 1986 et 1988 une nouvelle réhabilitation est en cours sous la maîtrise d'ouvrage de la compagnie de Phalsbourg pour la création de locaux commerciaux, espaces de bureaux et coworking, restaurant, auditorium et espace d'exposition.

Plus près de nous l'immeuble de l'Humanité construit en 1989 par Oscar Niemeyer est en cours de transformation en immeuble de bureaux (voir page 70).

Saint-Denis est aujourd'hui, avec ses 114 000 habitants, la deuxième ville la plus peuplée d'Île-de-France après Boulogne.

53 – La manufacture Christofle
Clos et couverts.
112, rue Ambroise-Croizat

La manufacture de couverts et d'orfèvrerie Christofle fondée à Paris par Charles Christofle et son beau-frère Joseph Bouilhet en 1830 s'est installée en 1877 sur un terrain de forme allongée de 21 500 m² situé entre les voies ferrées de la gare du Nord (auxquelles elle était raccordée) et le canal de Saint-Denis.

Grâce à la livraison de commandes faramineuses (notamment celles de Napoléon III au début de son règne) sa nouvelle renommée à travers le monde, ses capacités techniques modernes (usage de la galvanoplastie...), l'étendue de son offre (art de la table, décoration, statuaire...), la manufacture va pouvoir réorganiser ses activités, réduire la sous-traitance, et mieux accompagner son expansion.

Christofle obtient un accord d'exclusivité d'importation du nickel récemment découvert en Nouvelle-Calédonie et s'oriente vers son affinage par voie chimique.

La fonderie et le laminage du maillechort, (un alliage de cuivre, zinc et nickel), permettent la fabrication de pièces d'orfèvrerie et de couverts destinés aux maisons bourgeoises, aux transatlantiques, aux trains de luxe et aux hôtels et restaurants prestigieux.

La construction des bâtiments de l'usine en structure bois et brique rouge ou brune et charpentes en bois est relativement sommaire et correspond aux besoins de la production. Les façades des deux halles principales (qui évoquent de loin le style néo-roman de certaines églises) sont percées de baies plein cintre sous des toitures de tuiles laissant passer la lumière à travers verrières et lanterneaux. Seule la halle de fonderie possède une structure métallique rivetée et une charpente en arc.

Depuis la voie ferrée se succèdent les ateliers d'affinage, puis une grande cour à matériaux, la fonderie, la chaufferie et les laminoirs, déployés autour de trois grandes cheminées de 30 mètres (aujourd'hui détruites), les ateliers d'estampage et de couverts, et enfin les ateliers d'orfèvrerie et de finition dans des bâtiments à étages. A l'entrée du site, côté canal, le plus prestigieux pavillon de la direction sera bâti sur trois niveaux en 1911.

Dans les années 1900, 600 ouvriers travaillent dans l'usine dyonisienne : métallurgistes, tourneurs, polisseurs, graveurs, ciseleurs.... Ils seront le double au milieu du 20° siècle. Après la fermeture du site parisien dans les années 1930, celui de Saint-Denis va regrouper toutes les activités de l'entreprise, se moderniser et continuer son expansion jusqu'en 1971, année d'ouverture d'une toute nouvelle usine de fabrication de couverts en Normandie.

La production ralentit à partir de 2004. Le site et son musée ferment en 2008.

Après une période de quasi abandon durant laquelle viennent s'installer quelques artisans d'art, les locaux sont rachetés par le promoteur Quartus en 2016. Ce dernier va entamer des études de reconversion du site avec le cabinet Reichen et Robert** et va créer L'Orfèvrerie « un projet d'urbanisme transitoire » en ouvrant les halles (600 m²) à l'évènementiel (émissions de télévision et tournage de films) et en installant dans les anciens ateliers près de 200 résidents, artistes et artisans d'art : fondeurs, sculpteurs, graphistes, éditeurs, bronziers d'art, menuisier d'art, ferronniers d'art, tailleurs de pierre, peintres décorateur, miroitiers, parquetiers, marbriers...

En 2019 le site est vendu à Romain Gazzola un entrepreneur de maçonnerie de luxe qui veut en faire une vitrine de l'artisanat haut de gamme.

La préservation intégrale de la plupart des bâtiments d'origine (inscrits à l'inventaire supplémentaire des monuments historiques) fait de l'ancienne manufacture Christofle un lieu exceptionnel de conservation du patrimoine industriel en Île de France

Des visites guidées de l'usine sont organisées par l'office de tourisme de Saint-Denis.

54 – L'immeuble de l'Humanité
Du vitrail au double vitrage, l'épaisseur d'un journal.
43, rue Jean-Jaurès

Oscar Niemeyer est l'un des plus célèbre représentant du mouvement moderne en architecture. Il a conçu la ville de Brasilia avant de s'exiler en France en 1964. Ses convictions politiques l'ont amené à réaliser le siège du Parti Communiste

Français place du Colonel-Fabien à Paris en 1971 puis le siège du journal L'Humanité à Saint-Denis en 1989.

Emblématique du mouvement moderne, l'immeuble a été construit sur une parcelle de forme triangulaire d'environ 2 500 m² située à quelques dizaines de mètres seulement de la façade nord de la basilique royale. Le projet de Niemeyer en a tenu compte notamment en offrant depuis le toit-terrasse une vue panoramique sur l'édifice et depuis la rue Jean-Jaurès, à travers le passage Pierre Abélard, une vue directe sur la rosace nord, mêlant remarquablement ainsi histoire et modernité.

L'immeuble tout en courbe et en volumes a la forme d'un Y. Il a été construit en béton armé et structuré en plans-libres, poteaux porteurs et toit-terrasse.

L'entrée se fait rue Jean-Jaurès à la base d'une impressionnante rotonde. La façade sud qui ondule sur environ 80 mètres a été harmonieusement dessinée en tenant compte de la courbure de la rue de Strasbourg. Pour Niemeyer « seul le béton permet de maîtriser une courbe aussi longue ».

La rotonde et toutes les façades ont été recouvertes sur les trois-quarts de leur surface d'un mur-rideau de verre semi-réfléchissant, de couleur bleue, du type vitrage extérieur collé (VEC) (dont les éléments de fixation sont invisibles).

En 2007 L'Humanité quitte les locaux et les met en vente. La même année les façades et la toiture-terrasse sont inscrites à l'inventaire des monuments historiques

L'immeuble, finalement acquis par l'état en 2010, va rester à l'abandon pendant plus d'une décennie durant laquelle plusieurs projets de reconversion sont envisagés notamment ceux d'abriter les services de la sous-préfecture de Seine-Saint-Denis, d'ouvrir une antenne de l'université Paris VIII, ou d'installer une école du numérique.

La décision d'allouer les locaux à la Direction régionale et interdépartementale de l'économie, de l'emploi, du travail et des solidarités (Drieets) est prise en 2020. Les architectes de B.Architecture (devenu Savoir-fair Architecture) œuvrent ainsi à la « Restauration patrimoniale d'un bâtiment à usage de bureaux , en vue de l'installation d'une administration publique de l'état », sous la maîtrise d'ouvrage des préfectures de Paris et de la Région Île-de-France. Ils ont pour double objectif le respect des éléments inscrits et l'adaptation de l'immeuble aux nouvelles normes énergétiques et environnementales.

Ceci entraînera la rénovation du toit-terrasse et des façades avec la pose à l'identique d'un millier de fenêtres en double vitrage, la réhabilitation intégrale des espaces intérieurs avec conservation du hall, de la salle de conférences et des principaux espaces de circulation, la mise aux normes des équipements techniques, des accès et de la sécurité.

L'installation est prévue à l'horizon 2025.

le bâtiment est en cours de réhabilitation.

55 – La Maison des Arbalétriers

Un café dans le vent.
9, rue Auguste-Blanqui

La Maison des Arbalétriers située à l'angle des passages aux noms évocateurs des Étoffes et de Jouy, est un ancien étendoir-séchoir de toiles peintes ou imprimées dites indiennes. C'est le dernier vestige d'une manufacture de textile installée à la fin du 18° siècle à proximité du Croult (un petit cours d'eau affluent de la Seine aujourd'hui recouvert) par un certain Rodolphe Ebinger (ou Hebringe), ex-employé de Christophe-Philippe Oberkampf, fondateur dans les années 1760 de la manufacture royale des toiles imprimées de Jouy-en-Josas.

Elle tire son nom d'Arbalétriers des pièces de bois obliques formant triangle avec l'entrait, constituant les fermes dans une charpente traditionnelle soutenant un toit, qui sont ici visibles de l'extérieur du bâtiment.

Son aspect forme un contraste saisissant avec les immeubles modernes en béton qui l'entourent et la frôlent dans le quartier Basilique de Saint-Denis.

Il s'agit d'une cage de bois rectangulaire de 9,5 mètres de hauteur organisée autour de 14 poteaux soutenant un large toit à débord. Sur les façades, entre les poteaux, des éléments verticaux maintiennent des lames de bois formant persiennes. Le débord du toit et les persiennes ouvertes créent des courants d'air qui accélèrent le séchage des tissus.

Un escalier à vis (dont l'emplacement est encore visible dans l'angle nord-ouest) permettait l'accès à une haute passerelle de laquelle étaient suspendues des toiles de plus de 17 mètres de longueur (14,50 aunes). On estime à environ soixante-dix le nombre de toiles imprimées chaque jour par la maison Ebinger au début du 19° siècle.

En 1831 la parcelle est vendue à monsieur Bazin, marchand de laine. Le séchoir est alors modifié et transformé en lieu d'habitation par l'ajout de deux planchers intermédiaires, le remplacement des persiennes par de la maçonnerie et la création de fenêtres. Plus tard, au début du 20° siècle probablement, des poteaux en fonte vont remplacer les poteaux de bois.

Une restauration complète de l'édifice alors tombé en ruine a été effectuée en 1986 dans le cadre de la rénovation du centre-ville. Elle a consisté en le démontage et la restauration en atelier de la charpente, la pose de d'une structure métallique de soutien aux planchers et la réhabilitation des murs en bois.

Un café-brasserie est installé au rez-de-chaussée de la Maison des Arbalétriers depuis cette date. Une vaste salle moderne à laquelle le café est relié par un court passage a été construite juste devant. Les façades et la toiture sont aujourd'hui protégés.

La découverte se fait principalement en extérieur.

56 – La centrale thermique Saint-Denis II/La Cité du Cinéma
Super productions d'électri'Cité.

20, rue Ampère

Au début du 20ᵉ siècle la Société d'Électricité de Paris (SEP), propriété du baron Empain, fait construire en bord de Seine (pour ses approvisionnements en charbon et en eau), sur un terrain de 60 000 m², une usine thermique (Saint-Denis I) destinée à une production d'électricité de l'ordre de 20 à 24 mw destinée au métro parisien, au moyen de 24 chaudières Babcock et Wilcox de l'usine Société des Fonderies et Ateliers la Courneuve. La salle de machines et le bâtiment administratif, vestiges de Saint-Denis I, sont en cours de transformation en espaces de bureaux selon les plans du cabinet d'architecture Chaix & Morel et Associés.

En 1933 les trois premières tranches de l'usine Saint-Denis II entrent en fonction. Elles ont une capacité six fois supérieure à celle de Saint-Denis I. Comme cette dernière, l'usine a été conçue par l'ingénieur Nicolini avec l'ingénieur en chef des travaux Boudrant et les ingénieurs de la SEP. L'architecte de la Compagnie ferroviaire du Nord et enseignant à polytechnique Gustave Umbdenstock réalise ici une construction relativement dépouillée, en béton armé, sur un terrain tout en longueur de 400 m sur 150 m.

Face à la Seine, et reliée à un appontement dédié, se dresse la tour de concassage derrière laquelle se trouvent le parc à charbon et le bâtiment de pulvérisation. Sur la droite la chaufferie et ses hautes cheminées, puis l'immense nef qui comprend la salle des pompes et la salle des machines et dont la charpente métallique a été fabriquée par les Forges et Ateliers de Constructions électriques de Jeumont. A l'arrière, de l'autre côté de la rue Ampère, les pavillons des ingénieurs sont aujourd'hui détruits.

Les deux dernières tranches de Saint-Denis II entreront en service en 1943 et 1953 portant sa puissance totale de 150 à 400 MW. Cependant, avec la concurrence des grandes centrales modernes comme celles de Champagne-sur-Oise et Chinon, les deux centrales sont déclassées en 1981 et démantelées en 1986.

En 2003 en partenariat avec la ville de Saint-Denis, le département et la communauté d'agglomération de Plaine Commune, Luc Besson et sa société EuropaCorp présentent le projet de reconversion du site en Cité du Cinéma. Financé par la Caisse des dépôts et consignations (propriétaire du site avec Vinci Immobilier), il va être mené par l'agence Reichen et Robert** Associés à partir de 2009.

A l'issue d'une vaste opération de démolition, de dépollution et de terrassement débute la transformation complète du site avec notamment le ravalement des façades rose/orange, de nouveaux vitrages, la réfection à l'identique du carrelage de la nef. Les éléments métalliques de la structure sont conservés.

De part et d'autre d'une rue couverte de 4 500 m² (214 m de longueur 20 m de largeur et 18 m de hauteur) dans la nef centrale, sont créés 25 000 m² de bureaux, 12 000 m² de locaux d'activité (loges, ateliers, salle de montage, magasin lumière), 3 500 m² d'espaces communs (restaurant, cafétérias, patios). 8 000 m² sont alloués à l'École nationale supérieure de cinéma, de photographie et de son Louis-Lumière

(fondée en 1926), et 2 200 m² à une salle de projection et de réception. Au nord de la nef 9 plateaux de tournage de différentes tailles occupent 11 000 m².
La Cité du Cinéma a été réquisitionnée par l'état pour devenir la cantine et un terrain d'entraînement pour les athlètes lors des JO de Paris en 2024.
Elle retrouvera sa pleine activité au début de 2025.

\# Le site est habituellement inaccessible au public. Des visites payantes sont parfois organisées par divers intervenants.

Saint-Ouen

57-L'imprimerie Chaix/Cap Saint-Ouen
Relever l'encre et mettre le Cap.
126, rue des Rosiers

L'imprimerie Chaix a vu le jour en 1845 à Paris. Elle édite alors notamment un « livret indicateur des horaires de trains » des différentes compagnies ferroviaires existantes (l'indicateur Chaix sera édité jusqu'en 1975) et prend rapidement un essor économique considérable dans l'impression de revues, annuaires, périodiques, journaux et plus tard de cartes géographiques.
Entre 1878 et 1880, Napoléon Chaix, son fondateur, fait construire à Saint-Ouen par l'entreprise des frères Perret, sur un terrain de 2 500 m², un long bâtiment en brique et béton à trois niveaux, qui s'étire sur environ 80 mètres de longueur rue des Rosiers, entre l'impasse Dauphine et la rue Paul-Bert. Derrière la façade s'allonge un vaste hall à charpente métallique et coursives sous une verrière à double pente où seront employés une centaine d'ouvriers typographes (compositeurs ou pressiers), brocheurs et relieurs et qui servira d'entrepôt, de fonderie de caractères, et à partir de 1890, de fabrique d'encre « avec cuisson des huiles ».
L'entreprise va continuer à s'agrandir et à se moderniser jusqu'à devenir l'une des premières imprimeries d'Europe au début du 20° siècle.
Après avoir subi les effets dévastateurs d'un bombardement en avril 1944, la reprise d'après-guerre est au rendez-vous de l'entreprise. Cependant la crise des années 1970 et une situation financière calamiteuse du groupe propriétaire Néogravure va provoquer, en janvier 1981, la vente aux enchères à la chandelle des bâtiments à la Ville de Saint-Ouen et deux ans plus tard, l'arrêt définitif de l'exploitation et le licenciement de 640 employés malgré une lutte sociale de près de 6 années et la mise en place avortée d'une coopérative ouvrière.
Au cœur du marché aux Puces l'imprimerie Chaix va vite être transformée en hôtel industriel. « Cap Saint-Ouen » est constitué en 1987. Les locaux d'activité aménagés sur 12 000 m² par l'architecte Pierre Soria (alors associé à Jean Nouvel) seront loués à une quarantaine d'entreprises exerçant dans la communication, l'audiovisuel ou l'édition.

Cap Saint-Ouen héberge également les ateliers forge, taille de la pierre et du bois, matériaux composites, mosaïque et céramique de l'École nationale supérieure des beaux-arts et l'office du tourisme de la Ville.

Les locaux d'activité ne sont pas accessibles au public. L'office du tourisme de Saint-Ouen est ouvert du vendredi au lundi de 9h45 à 13h et de 14h à 17h45.

Val-de-Marne 94

Alfortville

58-Chinagora
Influence et confluence.
1, place du Confluent-France-Chine

Le grand bâtiment administratif de l'usine de matériel d'équipements industriels Chelle puis des établissements Manurhin, construit en 1936/1937 au confluent de la Marne et de la Seine à Alfortville a été détruit en 1985.

La même année des chefs d'entreprises français, en voyage d'affaire auprès d'investisseurs cantonais, expriment leur volonté de rapprochement et de coopération commerciale franco-chinoise, à l'heure où au sein du parti communiste chinois, dans une Chine repliée sur elle-même, le conflit est exacerbé entre partisans du libéralisme économique et du conservatisme.

C'est ainsi qu'avec le soutien notamment de Danielle Mitterrand, « au nom du dialogue des cultures », va progressivement se concrétiser l'un des plus importants investissements de la Chine d'alors dans le monde, avec la construction d'un gigantesque complexe immobilier de style mandchou évoquant la Cité Interdite : bâtiments pagodes aux murs rouges, aux balcons sculptés, aux toits en épis recouverts de tuiles vertes et dorées (importées de Canton). Ce « centre à vocation d'échanges économiques, technologiques et culturels », véritable vitrine de la Chine en France, doit symboliser l'amitié franco-chinoise et le rayonnement international de l'Empire du Milieu.

Réalisé par le célèbre architecte chinois Liang Kunhao à l'initiative du Groupe Guandong Investment de Canton qui a investi 685 millions de francs dans l'affaire, il est inauguré par Michel Rocard et Fangbai Cai, l'ambassadeur de Chine en France, le 15 octobre 1992.

Les bâtiments principaux couvrent une superficie de 12 400 m² au sol et offrent 46 000 m² de surface habitable. Ils se composent d'un hôtel trois étoiles de deux cents chambres, d'un restaurant panoramique, d'un centre d'affaires et d'un palais des expositions qui dès son ouverture va accueillir une exposition consacrée aux Trésors de la Cité Interdite. Deux ans plus tard ouvrira une galerie commerciale de 20 boutiques sur 3 000 m².

Cependant le complexe n'attire ni les touristes, ni les clients, ni les investisseurs. Dès 1998 la galerie commerciale ferme ses portes. Le palais des expositions est transformé en supermarché chinois et en espace de réceptions.

En 2003 le groupe Nouveau Monde rachète le site et tente vainement d'enrayer un déclin qui semble inéluctable.

En 2012 pourtant, de nouveaux investisseurs, le groupe d'hôtellerie de luxe Huantian, au fait des projets de transformation urbaine du Grand Paris (Zac Paris rive gauche et Zac Ivry confluence notamment), investit à nouveau 50 millions d'euros dans la reconversion de l'hôtel en hôtel de luxe avec notamment la transformation d'une partie de l'ancienne galerie commerciale en lobby. Dans les 187 chambres rénovées et suites luxueuses avec balcon et vue sur la Marne ou sur le magnifique jardin intérieur, au spa, dans les salles de réunions, au restaurant gastronomique, les hôtes peuvent pleinement profiter de la Chine à Paris. Chaque année notamment la célébration du Nouvel an chinois avec ses feux d'artifice et ses danses du Lion ou du Dragon est une fête à ne pas manquer.

La visite du jardin est autorisée. Le restaurant est ouvert tous les jours sauf le lundi de 12h à 14h30 et de 19h à 22h30.

Arcueil

59-La Maison Raspail/Anis Gras
Distillation créative.
55, avenue Laplace

En 1857, François-Vincent Raspail, homme politique de la II° et de la III° République, chimiste et botaniste, inventeur de la « méthode Raspail » destinée à soigner les mauvaises digestions au moyen d'une liqueur à base de camphre, et ses fils, Camille (médecin) et Émile (ingénieur), fondent une pharmacie rue du Temple à Paris.

Quelques années plus tard à la fin des années 1870 ou au début des années 1880, Emile, alors maire d'Arcueil, achète un terrain situé à l'angle des rues Richaud et Laplace pour y faire construire une maison de famille (à deux étages, de style Empire, en pierre de taille, mitoyenne d'une petite bibliothèque) et fait édifier, suppose-t-on sur les plans de l'architecte Ulysse Gravigny, sur la parcelle voisine de 1 920 m² (déjà occupée depuis 1860 par une orangerie et un pavillon de gardien), une usine en brique rouge et charpente métallique. Il va y transférer ses activités de fabrication de la liqueur camphrée, ainsi que d'eaux sédatives, de cigarettes, de poudre à priser et de diverses pommades.

Au début du 20° siècle l'usine est reprise par son fils Julien. Elle va rester dans le giron familial jusque dans les années 1950 avant d'être rachetée par l'entreprise Erven Lucas Bols une société néerlandaise de liqueurs fondée au 16° siècle. L'élixir Raspail est alors plus consommé pour ses qualités gustatives que pour ses vertus curatives.

En 1963 après l'indépendance de l'Algérie, les héritiers des frères Pascal et Léandre Gras, créateurs en 1872 d'une anisette alors particulièrement renommée élaborée à base d'essence de badiane (anis étoilé), s'installent en France et reprennent la Maison Raspail. Ils s'y maintiendront jusque dans les années 1980. Les bâtiments sont finalement rachetés par la mairie d'Arcueil en 1981. Ils vont être loués à la Serpatec, une entreprise de fabrication d'articles de papeterie et de brochures industrielles. Les machines d'assemblage et massicots, manœuvrés par une cinquantaine d'employés, vont définitivement remplacer les alambics et autres cuves de l'ancienne distillerie.

Après leur restauration au début des années 1990 les bâtiments sont inscrits aux monuments historiques en 2000 (façades et toitures à l'exception des appentis, distillerie en totalité, sols des deux cours).

En 2005 la mairie confie à l'association Écarts la création en ces lieux d'un espace culturel. Aujourd'hui la distillerie qui a gardé le nom Anis Gras a pour devise « Le Lieu de l'Autre ». Il est dédié à la création artistique contemporaine et à son partage, accueille des artistes-résidents et leurs projets (170 à 180 chaque année), et reste ouvert en permanence au public avec des représentations, (cirque, théâtre, danse…), des rencontres avec les artistes, des instants poétiques, des lectures, des ateliers créatifs.

Un bar-cantine est ouvert dans l'ancien magasin de vente, notamment à l'occasion des représentations du soir.

Anis Gras le lieu de l'autre est ouvert du lundi au vendredi de 10h à 18h et les soirs de spectacles.

Chennevières-sur-Marne

60-Le fort de Champigny
A l'affût d'un projet canon.
140, rue Aristide-Briand

Le fort de Champigny construit par le commandant Joachim Richard entre 1878 et 1880 fait partie du système défensif de Séré de Rivières*. Il est tout à fait comparable à celui de Villiers (voir page 60) dans sa conception architecturale (forme polygonale, casernement, enterrement des ouvrages, plateforme d'artillerie pour l'attaque, caponnières protégeant des fossés pour la défense) et dans sa fonction militaire (comme à Villiers il est situé dans la « deuxième ceinture » défensive de Paris une quinzaine de kilomètres à l'est de la capitale).

Il n'a pourtant pratiquement joué aucun rôle militaire durant les deux guerres mondiales.

Comme à Villiers, les troupes allemandes l'ont même occupé en 1940/1941 et en 1944, peu de temps avant la libération de Paris.

L'ouvrage pouvait accueillir 388 hommes et 31 canons. Il n'en recevra en tout qu'une vingtaine : une dizaine seront positionnés sur les remparts et le reste dans les caponnières.

Très rapidement le fort bâti sur des couches d'argile verte se heurte à des problèmes de construction, notamment des tassements de maçonnerie, qui entraînent son évacuation en 1885.

Jusque dans les années 1920, abrité de la pluie par de la tôle ondulée, le fort restera bien peu occupé à l'exception de la période de la Grande Guerre. Il servira alors d'entrepôt de munitions et de zone de transit pour les soldats qui partent au front.

Entre 1920 et 1965 le fort devient un dépôt d'artillerie. A cause d'infiltrations récurrentes les talus des fossés subissent des déplacements. Le corps de garde s'effondre durant l'hiver 1926/1927.

En juillet 1944, alors qu'il est occupé par les usines Kodak, la cellulose en décomposition provoque une explosion et un incendie gigantesque qui vont le ravager.

En 1965 Kodak quitte les lieux. Le fort et ses abords sont abandonnés mais restent accessibles au public. Un club d'escalade voit le jour en 1968 et va fonctionner jusqu'en 1983.

Dans les années 1970 la partie nord du site du fort est attribuée aux postes et télécommunications pour la construction d'une tour hertzienne.

En 1984 l'association Banlieue 89 animée par les architectes Roland Castro et Michel Cantal-Dupart est devenue une mission ministérielle de renouvellement urbain.

Sans l'aval de la mairie elle investit pourtant le fort, entreprend des travaux d'assainissement et de nettoyage, et y organise des évènements culturels durant les périodes estivales.

La ville de Chennevières ne va en devenir propriétaire qu'en 1995. Après une première remise en état des locaux, l'inauguration à lieu quatre ans plus tard. Plusieurs associations vont s'y croiser jusqu'à aujourd'hui notamment des associations de défense des animaux.

Depuis 2016 la ville a lancé un grand chantier de sauvegarde et de rénovation du fort et de ses abords entré dans sa troisième phase en 2024. Il consiste notamment à ouvrir le massif forestier au public, à rendre les fossés accessibles, à créer des cheminements intérieurs, à remettre en état le théâtre de verdure et l'accès à la poudrerie, et de créer un jardin.

Selon la mairie de Chennevières « un diagnostic architectural et technique est en cours afin de trouver des solutions définitives aux problèmes d'accessibilité, d'étanchéité, de sécurité, de structure et de ventilation des casemates et proposer un aménagement et une utilisation du site » dans le cadre de la Zac Entrée de Ville Nord qui couvre 23 hectares en limite de Champigny.

Le fort ne se visite que lors des journées du patrimoine.

Choisy-le-Roi

61-La manufacture de maroquins Fauler/La rumeur
Les nombreuses mues d'une usine de fourrures.
1, rue du Docteur-Roux

La maroquinerie des frères Fauler est l'une des toutes premières industries qui apparaît à Choisy dans la dernière décennie du 18° siècle. Dans ce quartier des bords de Seine elle va rapidement être entourée d'une cristallerie, d'une usine de tuilerie et céramique, d'une chapellerie, de fonderies et de fabriques de bateaux. L'usine occupe un terrain de 6 500 m². La bâtisse en brique et pierre est dominée par une impressionnante cheminée de brique. L'ensemble est bien visible, dans son entièreté, depuis la rive droite de la Seine. Sa façade à deux étages est percée de larges baies vitrées cintrées pour un éclairage optimum. 150 employés y travaillent déjà dans les années 1820 après la construction du pont de Choisy et elle va profiter de l'ouverture de la ligne ferroviaire Paris-Juvisy en 1840.

Reprise et développée à partir de 1859 par les frères Bayvet (l'un négociant et le second ingénieur des arts et manufactures), reconstruite après un incendie durant la guerre de 1870, l'entreprise est remise en activité au début du 20° siècle par la famille Petipent avant son rachat par les fourrures et pelleterie Hollander en 1930. Cette société « A. Hollander & Son, teinturiers et tailleurs de fourrure » a été fondée en 1889 à Newark dans le New-Jersey par Adolph Hollander et a été l'une des plus importantes manufactures de fourrure au monde au début du 20° siècle. Les locaux de production sont organisés en ateliers de dégraissage, étirage, tannage, séchage et teinture. On y prépare des peaux de lapins, de moutons et d'astrakans (la fourrure alors très à la mode d'un agneau d'Asie). À la fin des années 1940 la manufacture Hollander occupe jusqu'à 200 personnes.

En dépit d'un nouvel incendie en 1948 la production va perdurer jusqu'à la fin des années 1970 avant l'arrivée des entreprises Modulec (installations électriques), Coplaz (machines de bureaux) et Fauler (location de terrains et biens immobiliers). En 1990 les bâtiments sont rachetés et réhabilités par un entrepreneur individuel. Une vingtaine d'ateliers d'artistes plasticiens ou musiciens, architectes ou comédiens, louent et occupent ainsi les espaces de l'ancienne pelleterie.

La compagnie théâtrale La Rumeur s'y installe en 1995, s'en sert comme salle de répétition ou de stockage de matériel et entreprend une nouvelle réhabilitation partielle de lieux. Un théâtre de 500 places, en forme de « fabrique artistique » ouvre au public en 2002. Pour leurs performances les acteurs utilisent également les toits et la cour de l'usine et amènent ainsi les spectateurs à se déplacer lors de spectacles interactifs.

La mairie rachète le site en 2011 mais les contraintes environnementales et sécuritaires entraînent la fermeture du théâtre. Un arrêté en date du 20 septembre 2024 autorise sa réouverture « sous réserve du respect de la réglementation applicable et à la réalisation des prescriptions (...) de la Commission Communale de Sécurité ».

Quel avenir aujourd'hui pour l'ancienne manufacture et son théâtre ? La balle est dans le camp de la municipalité qui réfléchit à une nouvelle transformation en espace d'exposition et ateliers créatifs ouverts au public.

Accès permanent au site.

Fontenay-sous-Bois

62-La halle Roublot
L'ombre de Baltard.
95, rue du Roublot

La halle Roublot a été bâtie en 1928 dans un style Baltard* simplifié pour couvrir un marché aux comestibles qui existait à cet endroit depuis 1912. Il s'agit d'une grande structure métallique en fer composée de deux nefs triples aux toits inclinés séparées par une nef centrale plus imposante à deux niveaux. La profondeur des nefs est de l'ordre de 30 mètres ; l'ensemble occupe une surface d'environ 1 900 m².

Au début des années 1980 seul perdure dans la halle le marché du dimanche matin, animé par une poignée de commerçants, dans ce quartier calme et un peu excentré de Fontenay nommé quartier des Rigollots. En 1983 la municipalité décide de la transformation des lieux en espace culturel. Plusieurs associations locales vont s'y implanter et organiser des expositions d'artistes créateurs.

Trente ans plus tard constatant la détérioration des structures métalliques du bâtiment et le non-respect des normes sécuritaires et d'accès au public, les élus décident d'une nouvelle réhabilitation, incluant le renforcement de la construction, dans le respect du patrimoine architectural.

Le cabinet des architectes fontenaysiens Pascale et Hubert Binet en charge du projet prévoit notamment la division de la nef ouest, dans sa longueur, en trois parties : la partie centrale formera un passage public dont le toit et le pignon sud (en direction d'un espace vert) seront ouverts pour apporter la lumière, les deux côtés seront affectés à des associations culturelles.

Le grand espace de la nef située à l'est sera quant à lui conservé.

La transformation de la halle a eu lieu en 2011. Aujourd'hui la nef ouest accueille l'association Le Comptoir, un « atelier de fabrique artistique » proposant une très riche programmation musicale dans une petite salle de 120 places, ainsi que l'espace animations et l'atelier de fabrication du « pôle marionnettes » Théâtre Halle Roublot, une compagnie de marionnettes et de théâtre d'ombres. Ce pôle théâtral dispose également d'une salle de 132 places au premier niveau de la nef centrale.

La nef est reste réservée aux expositions d'art contemporain, aux marchés de Noël, à divers évènements organisés par la ville ou à la grande fête annuelle de la halle Roublot.

La halle est ouverte les mardis, mercredis, jeudis et samedis de 14h à 19h et les vendredis de 16h à 21h. Les autres lieux sont ouverts en fonction des spectacles.

Gentilly

63-Le Gaîté-Palace/Le Générateur
L'art vivant fait son cinéma.
16, rue Charles-Frérot

Le Générateur est un centre d'art et de création créé en 2006 par le peintre Bernard Bousquet et la danseuse et chorégraphe Anne Dreyfus.
Il est installé dans les locaux de l'ancien cinéma Gaîté-Palace construit en 1932 en béton armé, sur procédé Hennebique* par l'architecte Everisse. Sa remarquable façade de style Art déco sur le fronton de laquelle étaient à l'origine sculptées en grand format et en bas-reliefs les lettres de son nom est caractéristique des petites salles de quartier de cette époque.
Durant cinquante ans ses propriétaires y ont assuré une programmation intensive et de qualité en suivant les évolutions techniques du cinéma (notamment le Cinémascope et la sonorisation) avec peu de moyens.
En 1972, avec la baisse de fréquentation des salles, le dernier d'entre eux, monsieur Jean Koempgen, met fin à l'activité du Gaîté-Palace et de son autre salle le Rex d'Arcueil. Un temps loué au théâtre de l'Odéon, le Gaité-Palace se transforme rapidement en entrepôt de stockage pour une quincaillerie.
Au début des années 2000 Anne Dreyfus découvre par hasard le cinéma abandonné et décide de le racheter pour en faire un centre d'art et de création.
Elle devra le faire vider des 800 tonnes de ferrailles stockées avant d'entreprendre en 2005 des travaux de remise aux normes et de transformation des locaux dans lesquels l'église voisine Saint-Saturnin, elle aussi en chantier, est provisoirement autorisée à organiser des messes.
Anne Dreyfus a souhaité occuper « un lieu à l'architecture minimale, volontairement libéré de toutes références scénographiques (ni scène fixe, ni gradins, ni estrades) (...) au croisement des arts vivants et des arts visuels ».
Elle lui donne le nom de Générateur car il est destiné à « générer des rencontres et des créations ».
L'inauguration de la salle de 400 places (600 m²) aura lieu lors de la Nuit Blanche de 2006 avec Parades and Changes, de la danseuse américaine Anna Halprin, un spectacle qui va déclencher les passions et faire sa réputation.
Depuis Anna Dreyfus a créé Frasq, un festival sous forme de salon de rencontre annuel d'une quarantaine d'artistes avec le public, « un moment privilégié de partage, de rencontre et de réflexions sur l'art de la performance », et reste en partenariat avec plus de 40 festivals de musique, danse et art numérique. Le Générateur accueille chaque année plus de 900 artistes et 200 résidences de création.

Des visites guidées sont organisées lors des journées du patrimoine.

Ivry-sur-Seine

Introduction

Cette cité ouvrière de tradition communiste, établie à l'entrée de Paris au confluent de la Seine et de la Marne, a été l'un des hauts-lieux de l'industrialisation en région parisienne à la fin du 19ᵉ siècle et au début du 20ᵉ siècle grâce à sa situation, à son port et à sa gare ferroviaire mises en service en 1900.

Sa population est passée de 40 000 habitants avant la première guerre mondiale à plus de 60 000 avant la crise des années 1970. Redescendue à 50 000 à la fin du siècle elle a retrouvé son niveau d'avant-crise en se rajeunissant.

Depuis quelques décennies en effet les chantiers se multiplient dans cette ville en pleine transformation. Des jardins, des places, des lieux de culture, des immeubles résidentiels ou des bureaux remplacent les vastes espaces qu'occupaient nombre d'anciennes usines désaffectées : métallurgiques, (comme les forges d'Ivry, établissement Lemoine, qui occupaient 1 800 ouvriers en 1918), chimiques ou pharmaceutiques, savonneries, briqueteries, chocolateries. Boulevard de Brandebourg, les halles de la Minoterie et le pavillon d'entrée construits par Auguste Labussière entre 1900 et 1920 ont été transformées en bureaux et en logements inaugurés en 2021. La manufacture des Œillets (voir ci-dessous) est occupée par un théâtre et un Centre d'art contemporain. Rue Pierre-Curie, l'ancienne usine de sidérurgie Nucleus, devenue atelier de tracteurs Lucien Babiole dans les années 1950, a été transformée un temps en lieu d'expérimentation artistique. Le square Prudon a remplacé l'ancienne usine de produits chimiques éponyme établie en 1858 qui produisait des encres d'impression.

A Ivry-Port s'étaient installés la Grande Tuilerie d'Ivry . l'entreprise Muller, fondée en 1854, « la plus vaste usine du monde de produits céramiques » (aujourd'hui démolie), les entrepôts du BHV (démolis en 2012), l'usine SKF, lieu d'un très dur conflit social au moment de sa fermeture en 1983 et sur les terrains de laquelle le journal Le Monde construisit son imprimerie en 1989 (reconvertie depuis en logements de la Zac Ivry-Confluences), l'usine Saint-Raphaël (voir page 85).

Quai Henri-Pourchasse, l'une des usines élévatoires d'eaux est devenue un dépôt des œuvres d'art de grand format de la Ville de Paris (voir page 85).

64-La manufacture des Œillets
Productions contemporaines.
1, place Pierre-Gosnat

La grande halle (l'ancienne salle des machines), dont la façade en maçonnerie de brique et meulière ornée d'un imposant portail en pierre porte la charpente métallique à verrière axiale, une plus petite structure située à la hauteur du 31, rue Raspail et le pavillon du gardien, ont été construits en 1890 pour Charles Bac, (le fils de Guillaume Bac, fondateur d'un atelier de fabrication de porte-plumes, de plumes et d'encriers installé à Paris en 1836) qui voulait développer l'affaire dont il avait hérité.

Cinq ans plus tard la manufacture employait 245 salariés et avait ajouté les œillets métalliques (pour sacs ou chaussures) à sa production. Seule cette activité, effectuée grâce à 57 presses verticales et 35 presses à balanciers, sera maintenue à Ivry à partir de 1904 et donnera son nom à l'entreprise.

L'année suivante la multinationale américaine United Shoe Machinery, qui a racheté l'usine, commande à l'architecte Paul Sée la construction « fonctionnaliste » d'une tour en brique (pour l'administration, les vestiaires et les escaliers) et d'un bâtiment moderne « à l'américaine » (voir L'usine Mécano page 53) sur quatre niveaux, doté de baies vitrées couvrant la quasi intégralité des façades et de simples plateaux de béton supportés par des piliers métalliques habillés de brique. Ce bâtiment construit à partir de 1913 sera agrandi vers la rue Raspail en 1924.

Cette année-là il abrite la production de machines pour la tannerie alors que la production d'œillets est déplacée vers de nouveaux locaux situés au nord de la halle, à l'angle de la rue Truillot (l'usine de la rue Truillot va continuer son activité de fabrication de rivets et de petites pièces d'électro-ménager jusqu'en 1990 avant d'être démolie).

En 1935 l'usine se déploie sur 8,6 hectares et occupe 600 personnes. Elle va continuer à se développer après la guerre malgré le bombardement d'août 1944 qui provoque notamment la destruction du magasin de stockage des machines.

Poursuivie par la justice américaine pour violation de la loi antitrust Sherman, la multinationale est rachetée à la fin des années 1960. Le bâtiment américain va arrêter sa production et devenir provisoirement un entrepôt pour les éditions Fernand Nathan.

En 1989 l'architecte Eric Danel rachète, sans aide publique, le site alors laissé à l'abandon. Il fait effectuer d'importants travaux de rénovation (dont les cloisonnements intérieurs), accueille les répétitions du théâtre du Châtelet, l'École nationale supérieure des arts décoratifs (Ensad) et l'École professionnelle supérieure d'arts graphiques et d'architecture de la Ville de Paris (Epsaa). Il va faire classer le pavillon du gardien, la halle et le bâtiment américain aux monuments historiques avant de se retrouver contraint de revendre l'ensemble à la municipalité en 2009.

Aujourd'hui le bâtiment du 31, rue Raspail est la propriété d'un collectif d'artistes. Le bâtiment américain est toujours occupé par l'Epsaa et par le Centre d'art contemporain d'Ivry (Le Crédac) qui organise des expositions, des lectures musicales et diverses rencontres avec des artistes ou des écrivains.

Depuis 2016 la halle d'origine transformée en salle de 450 places est occupée par le Théâtre des Quartiers d'Ivry - Centre Dramatique National du Val-de-Marne.

Le Crédac est ouvert du mercredi au vendredi de 14h à 18h, les samedis et dimanches de 14h à 19h.

65-L'usine Saint-Raphaël
L'enseigne qui fait tourner les têtes.

60-61, quai Auguste-Deshaies

On trouve peu de renseignements sur ce beau bâtiment de béton à parement de brique rouge à trois étages, très lumineux et doté d'une tour moderniste en forme de château d'eau dressée à l'angle de la rue Galilée. Construit probablement en 1931 à la place d'une première usine de fabrication du Saint-Raphaël-Quinquina (reliée au réseau ferré d'Ivry-Port) qui existait déjà au début du 20° siècle, il a abrité les magasins et entrepôts de l'entreprise qui portait depuis 1897 le nom du célèbre apéritif composé de moût de raisin (mistelles), de vin rouge ou blanc, d'écorces de quinquina, de zestes d'agrumes, de plantes aromatiques et d'alcool, créé cent ans plus tôt par l'apothicaire lyonnais Adhémar Juppet. Le Saint-Raphaël-Quinquina a connu un succès considérable dès la création de la société et plus encore après la rencontre en 1936 du futur patron de l'entreprise, Max Augier, avec le peintre affichiste Charles Loupot. Loupot sut alors donner à la marque un nouvel essor en redéfinissant sa ligne graphique et en marquant les esprits avec une dégustation gratuite offerte aux milliers de visiteurs de l'exposition universelle de 1937. De nouvelles chartes graphiques déterminantes et un mécénat du sport (notamment cycliste) suivront dans les années 1950. A Ivry l'activité perdure jusque dans les années 1980 avant que le bâtiment soit repris par une société financière de courtage.

En 2004, pendant les travaux de désamiantage du campus de Jussieu (université Paris VI Pierre et Marie Curie), une première réhabilitation a lieu pour permettre l'emménagement, pour une dizaine d'années, de 450 chercheurs et personnels administratifs des laboratoires de physique et de biologie végétale. A cette occasion sont construits une serre, une chambre froide, une chambre de culture et plusieurs laboratoires.

Après une nouvelle période d'abandon les bâtiments sont rachetés par l'entreprise Bluespace, un spécialiste du self-stockage, en 2022. De nouveaux travaux de transformation intérieure ont permis la création d'une mezzanine de 2 000 m² dans l'espace de grande hauteur situé entre le rez-de-chaussée et le premier étage pour amener la surface de plancher à plus de 11 000 m².

La société dispose d'un quai de déchargement et propose la location de parkings, de bureaux et d'espaces sécurisés allant de 1 à 200 m².

Sur le toit demeure toujours, comme un clin d'œil au passé industriel d'Ivry, l'immense enseigne rouge « St Raphaël » visible de l'autre côté de la Seine par les usagers de l'autoroute A4.

L'accès du public au site n'est pas autorisé.

66-L'usine élévatoire des eaux Ivry I/le dépôt du Coarc
Une salle d'eau devenue coffre-fort.
1, rue Jean-Mazet

L'établissement élévateur des eaux de la Ville de Paris installé à l'angle de la rue Jean-Mazet et du quai Henri-Pourchasse a été bâti de 1881 à 1883 puis agrandi une quinzaine d'années plus tard. Dans la halle principale située côté Seine se trouvaient six machines de pompage Farcot de 150 cv auxquelles vinrent s'ajouter en 1898 trois nouvelles machines de 170 cv (cf : Karine Berthier - D'une rive à l'autre. Histoire de la Seine dans le Val-de-Marne - Conseil Général du Val-de-Marne - 2009). Dans la seconde halle située à l'arrière étaient installées les chaudières nécessaires à leur fonctionnement. L'usine avait alors une capacité de pompage de l'eau de la Seine et de refoulement vers le réservoir de Villejuif qui atteignait 135 000 m3 par jour.

Les murs sont en moellon de calcaire taillé. Arcatures et pilastres de brique rouge encadrent des baies plein cintre de grande hauteur, chacune correspondant à l'espace d'une machine. La charpente métallique, grâce aux fermes Polonceau qui la composent, est très fine.

En 1899 est construite une seconde usine à quelques centaines de mètres en amont. Une partie de l'eau brute prélevée à Ivry II est envoyée dans les réservoirs de Charonne et Villejuif tandis qu'une autre est dirigée vers 1,4 hectare de bassins filtrants qui fournissent quotidiennement 35 000 m3 d'eau potable destinés aux Parisiens.

Toutefois le circuit de production d'Ivry I va être électrifié au milieu du 20° siècle. L'usine continuera à traiter 84 000 m3 d'eau par jour et restera en service jusque dans les années 1960.

Depuis 1974 ses locaux désaffectés hébergent l'atelier de restauration et le dépôt des œuvres d'art du service de la Conservation des œuvres d'art religieuses et civiles (Coarc) de la Ville de Paris. Sur plus de 2 000 m² sont conservées plus de 5 000 œuvres d'art : tableaux de grand format, bronze, vitraux...et 2 000 plâtres originaux de statues parisiennes, la plupart datant du 19° siècle, dont certains modèles de sculptures en bronze, fondues par l'occupant pendant la seconde guerre mondiale.

L'endroit très confidentiel est fermé au public.

L'accès du public au site n'est pas autorisé.

Nogent-sur-Marne

67– Le pavillon Baltard
L'idée halle pour l'événementiel.
12, avenue Victor-Hugo

Au début du Second Empire, sur la demande de Napoléon III (« Ce sont de vastes parapluies qu'il me faut, rien de plus » aurait-il dit), le célèbre architecte Victor Baltard* dessine les plans d'une douzaine de pavillons devant former sur 3,5 hectares les nouvelles halles de Paris, sur l'emplacement du marché alimentaire de la capitale, « Le Ventre de Paris » depuis huit siècles.

Ils seront édifiés entre 1854 et 1870 entièrement en métal apparent. Charpente métallique vitrée en partie haute en appui sur de grandes et fines colonnes de fonte, inaugurant ce style caractéristique que l'on retrouvera dans les futures réalisations du maître et de ses élèves, à la Villette (voir plus haut La Cité du Sang page 30), au marché Secrétan et au marché de la Chapelle notamment. Au niveau de la rue des murs de brique polychrome clôturent les pavillons, et partout des persiennes assurent la ventilation.

En 1892 une dizaine de pavillons sur les douze prévus sont en service. Des milliers de tonnes de fruits et légumes, viandes et poissons vont s'y déverser chaque jour durant des décennies pour l'alimentation des parisiens. Selon le site de Paris Archives, avant la seconde guerre mondiale, « le volume de denrées qui transitent par les halles s'élève à environ 800 000 000 kg par an. Les fruits et légumes représentent 73% de ce chiffre, la viande et la triperie 12%, le poisson 8%, les beurres, œufs et fromages 5%, la volaille 2%. »

Dès la fin des années 1950, avec les problèmes de circulation automobile et l'impossibilité pour les halles de s'agrandir et de se moderniser, un projet de transfert en dehors de la capitale se précise. En 1969 sera organisé pour un millier de grossistes et détaillants ce qui fut qualifié de « plus grand déménagement du siècle » vers le nouveau Marché d'intérêt national de Rungis.

Les deux années suivantes, malgré l'opposition des Parisiens parmi lesquels de nombreuses personnalités, les pavillons sont détruits alors que commence la construction du RER Châtelet-Les Halles et le forum des Halles.

Il ne reste aujourd'hui que quelques éléments de l'un d'entre eux exposés à Yokohama au Japon, et l'intégralité du pavillon n° 8 (le numéro 10 du projet initial), qui fut dédié au marché des volailles et des œufs.

Ce pavillon, démonté et transporté à Nogent en 1972 sur la demande pressante de son ancien maire Roland Nungesser, a été remonté et entouré de ses grilles, avec quelques modifications mineures (en parement des panneaux de mosaïque bleu-gris remplacent les briques d'origine) à partir de janvier 1976, sur l'emplacement de l'ancien manoir de Beauté de Charles V devenu dépôt ferroviaire....

Il sera inauguré en décembre 1977 en même temps que le RER et classé monument historique en 1982.

La grande halle de 2 700 m² est maintenant consacrée à l'évènementiel. De par sa nature elle offre de multiples possibilités pour l'organisation de salons (artisanat, chiots, vignerons...), tournages de films (Un long dimanche de fiançailles...), spectacles, expositions, concerts, soirées de gala, émissions télévisées (Téléthon, Graines de stars...) et peut accueillir entre 200 et 2 800 personnes.

La ville de Nogent aime à faire revivre ainsi les témoins de notre passé. En 1992 fut inauguré sur le port de plaisance la reconstruction d'une partie de la première passerelle métallique des Arts qui permit dès 1804 aux Parisiens de traverser la

Seine entre le Louvre et l'Institut et qui s'effondra après le choc de plusieurs barges dans les années 1970.

Visites commentées lors des journées du patrimoine. Accès payant lors des expositions ou spectacles.

Vincennes

68 – La Cartoucherie
Du cordon Bickford au fil d'Ariane.
Route du Champ-de-Manoeuvre

A la fin du mois d'août 1970 les comédiens de la troupe du Théâtre du Soleil emmenés par Ariane Mnouchkine à la recherche d'un lieu de spectacle original, investissent trois nefs du bâtiment principal de l'ancienne cartoucherie militaire de Vincennes, un casernement en ruine, désaffecté et squatté depuis plusieurs années. Après avoir obtenu l'accord (contestable car non légal) de la direction du parc Floral, administrateur des lieux, et un bail précaire de trois ans à petit loyer (500 francs) du Conseil de Paris ils vont eux-mêmes, et sans plan préconçu, détruire à la main des cloisons inutiles ou abimées, libérer des espaces, nettoyer, remplacer les fenêtres, réparer la toiture, maçonner, repeindre les murs porteurs et la charpente métallique, amener l'eau et l'électricité, et aménager l'ensemble en quelques semaines seulement afin de pouvoir répéter, stocker le matériel et préparer la première représentation parisienne de « 1789 », une spectaculaire fresque sur le thème de la Révolution française, qui sera jouée sur des estrades le 26 décembre 1970.

La cartoucherie a été construite en 1874 sur une vaste surface de 22 hectares louée à l'armée française et appartenant à la Ville de Paris. Cette fabrique de poudre et d'assemblage de munitions était composée d'une série d'ateliers (architecture de métal et brique) réunis autour d'une vaste cour terreuse qui s'est agrandie de baraquements supplémentaires durant la Grande Guerre. Plusieurs milliers de personnes y travaillaient encore, de jour comme de nuit, en 1918. Dans les années 1920 et 1930 la cartoucherie est provisoirement reconvertie en fabrique de lampes à incandescence mais va cesser toute activité après la seconde guerre mondiale. Longtemps abandonnée, elle sera à nouveau utilisée comme centre de rétention lors de la guerre d'Algérie de 1959 à 1962.

Après l'installation du Théâtre du Soleil, d'autres compagnies théâtrales vont progressivement s'installer à la Cartoucherie en 1971 et en 1972 : le Théâtre de l'Épée de Bois et le Théâtre de l'Aquarium de part et d'autre du Théâtre du Soleil, le Théâtre de la Tempête et le Théâtre du Chaudron (aujourd'hui Centre de Développement Chorégraphique National) dans des structures séparées de moindre hauteur. Aucune d'elles n'avait la garantie de pouvoir rester. Jusqu'en

1978 en effet la Ville de Paris caressait encore le projet d'établir un Marineland à Vincennes.

En 1985 la mise en place de baux de location pérennes a coïncidé avec des travaux de rénovation qui ont abouti à l'amélioration de l'accueil du public et à la création de la pelouse et du parking.

L'ensemble des théâtres de la Cartoucherie produit une quarantaine de spectacles par saison.

Les halles de la Cartoucherie sont en accès libre tous les jours de 8h à 23h, 0h ou 1h selon les saisons.

Vitry-sur-Seine

Introduction

La Galerie d'art municipale Jean-Collet et le collège Danielle-Casanova occupent l'espace de l'ancien château de Vitry construit au 18° siècle près de l'église Saint-Germain au cœur d'un village rural qui comptait alors moins de 2 000 âmes. Le château a été détruit en deux fois en 1911 et 1930 après les ravages causés par la crue de la Seine en 1910 et par la guerre.

La ville réputée pour ses carrières de gypse et de calcaire, et ses pépinières d'arbres et de lilas, connaissait alors un essor industriel exceptionnel et l'arrivée d'une forte population d'ouvriers après l'ouverture de la gare de chemin de fer (voir page 92) et le développement sur la Seine du trafic marchandises au Port à l'Anglais.

L'installation de la minoterie Groult en 1850 (voir ci-dessous) avait été suivie par beaucoup d'autres. Citons celles de l'usine Chalumeau spécialisée dans le blanchissement de tissus au chlore en 1854, de la briqueterie de Gournay en 1868 (voir page 91), d'une distillerie en 1886, de la plâtrière Paupy en 1892, de la tuilerie Boulanger en 1897. Les établissements des frères Poulenc implantent leur nouvelle usine de pharmachimie à Vitry en 1908 à la même époque que les ateliers de munitions Brasier, les fonderies Bidault-Elion, et la société Forges et Usinage de Métaux Légers (hélices d'avions) de Lucien Chauvière.

En 1936, Domenico Rocca, un menuisier charpentier italien formé chez Chauvière ouvrira rue Constant-Coquelin les chantiers navals qui portent son nom. Ils produiront annuellement près de 2 500 embarcations de toutes tailles dans les années 1950.

Dès 1901 une usine électrique avait vu le jour pour l'alimentation du réseau de tramway mais c'est en 1931 qu'est mise en service au bord de la Seine la centrale Arrighi alors considérée comme la plus puissante d'Europe. Construite par l'architecte moderniste Georges-Henri Pingusson elle est aujourd'hui complètement détruite.

Le projet d'aménagement urbain des Ardoines s'étend sur 86 hectares entre les gares de Vitry et des Ardoines dans le premier périmètre économique de la ville. Il doit conduire à l'horizon 2027-2028 à la création de 20 000 emplois, la construction de 8 000 logements, des espaces verts, des espaces collectifs et la gare de la ligne 15 du Grand Paris Express

L'art contemporain est très présent à Vitry. Plus d'une centaine d'œuvres sont présentés dans l'espace public. La Galerie d'art municipale construite dans les anciens bains-douches de la ville a ouvert en 1982. Le Mac Val, musée d'art contemporain du Val-de-Marne inauguré en 2005, conserve environ 2 500 œuvres et attire environ 70 000 visiteurs par an.

69 – La minoterie Groult/les Écoles municipales artistiques Graines d'artistes.
71, rue Camille-Groult

L'industriel et collectionneur d'art Charles Camille Groult était le fils d'un négociant en grain qui ouvrit plusieurs magasins d'alimentation en farines et féculents ainsi qu'une minoterie à Paris en 1838. Dès 1850 sa société s'était implantée à Vitry (peut-être pour échapper au droit d'octroi sur les matières premières en vigueur à l'époque à Paris) et peu de temps avant de devenir maire de la ville, de 1868 à 1874, il avait fait construire le haut bâtiment que nous connaissons aujourd'hui dans la rue qui porte son nom, l'ancienne rue d'Oncy. La proximité de la Seine favorisait ainsi la logistique de ses importations de tapioca ou de sagou en provenance d'Amérique du sud.

Au début du 20° siècle la société Groult fait l'acquisition du couvent qui jouxte la minoterie, le surélève, et le transforme en pensionnat pour jeunes filles orphelines. À l'occasion celles-ci travaillent comme ouvrières au stockage, au conditionnement des grains ou à la fabrication de pâtes alimentaires.

En 1967 la société Groult fusionne avec la société nantaise Georges Billard pour créer la société Tipiak et installer trois ans plus tard une nouvelle usine à Saint-Aignan-de-Grand-Lieu, près de Nantes.

Après l'arrêt de la production et jusqu'au début des années 1990 la minoterie est occupée par la société Gestetner, spécialisée dans la commercialisation de matériel de bureau, avant d'être abandonnée puis rachetée et transformée par les Usines Bertheau (voir aussi la distillerie-malterie Springer page 43) avec le concours du cabinet XY architecture pour la création de 18 ateliers logements livrés en 2004.

La réhabilitation de l'ancien pensionnat est l'œuvre du célèbre architecte Louis Soria auteur de nombreuses réalisations dans les domaines du logement et des équipements publics en Île-de-France. La mise en lumière du bâtiment qui ouvre au sud vers un jardin et le parc Daniel-Fery a été réalisée par l'artiste plasticien Yann Kersalé.

Depuis 2005 l'ensemble est occupé sur 4 niveaux et 4 500 m² par les Écoles municipales artistiques (EMA) de Vitry : le Conservatoire de musique, l'Académie de danse et l'École d'arts plastique. Les enseignants et les 1 400 élèves de l'EMA ont notamment à leur disposition un auditorium de 165 places, 23 salles de musique, des studios de danse, des ateliers d'art et plusieurs salles d'enseignement ou de documentation.

Les Écoles municipales sont ouvertes le lundi et le jeudi de 13h30 à 22h, le mardi, le mercredi et le vendredi de 9h à 22h, le samedi de 9h à 20h.

70 – La briqueterie de Gournay/le Centre de développement chorégraphique
Du four de cuisson au foyer des artistes.
17, rue Robert-Degert

La briqueterie de Gournay tire son nom d'un ancien domaine situé au nord de Villejuif sur lequel un certain sieur Borie était venu s'installer de 1868 à 1873 avant de faire faillite. Quatre ans plus tard l'ingénieur Jean-Émile Bouchon rachète l'affaire qui sera gérée par sa veuve à partir de 1881 puis par son fils Marc et son petit-fils Henri de 1932 à la fermeture de l'usine en 1966.
La proximité de carrières argileuses alors exploitées au sud de Paris à Ivry, Arcueil et Arpenty (près de Bruyères-le-Châtel), couplée à la croissance de la population parisienne, aux nombreuses constructions de maisons, d'hôpitaux, d'écoles et de casernements, aux facilités logistiques des voies fluviales et ferrées toutes proches et au faible coût des constructions en brique assurent immédiatement le succès de cette entreprise.
La construction d'une première maison de maîtres (qui sera agrandi an 1919 par l'architecte Léon Cuzol) et de l'usine proprement dite, un bâtiment de deux étages et un étage de combles, avec sa haute cheminée de 25 mètres accolée au pignon est, s'est échelonnée sur une dizaine d'années entre 1868 et 1877. Dans le premier quart du 20° siècle jusqu'à 80 ouvriers y fabriquent entre 6 et 9 millions de pièces par an : briques pleines et creuses de toutes formes et dimensions, divers produits en terre cuite pour le bâtiment, des mitrons, des boisseaux cannelés et des tuyaux (dits wagons droits) pour cheminées grâce à deux ou trois fours Hoffmann fonctionnant en continu et pouvant contenir un volume de 120 000 briques. Les cycles de production duraient une quinzaine de jours.
La production ralentit pendant la seconde guerre mondiale avant de reprendre de plus belle dans les années 1950. La plus grande partie des ventes est destinée à Paris et la région parisienne. Cependant le nombre de salariés va progressivement diminuer avec l'automatisation et les nouvelles méthodes de construction. Une vingtaine d'ouvriers seront licenciés en 1964 et les derniers employés assureront les opérations de liquidation les mois suivants avant la fermeture définitive de l'usine en 1966.
Cette année-là le site, qui a été racheté par la société Mécalix, est transformé en atelier de mécanique de précision et mécanique générale comprenant la fabrication et le montage de machines et de prototypes d'usinage. Il restera en activité jusqu'en 1995.

La maison de maître détruite au tournant des années 2000 sera remplacée par des HLM.

En 2003 la briqueterie, complètement dévastée, est rachetée par le Conseil Général du Val-de-Marne. L'architecte et urbaniste Philippe Prost (voir aussi l'usine Leroy page 36) de l'agence AAPP remporte l'appel d'offres en vue de sa réhabilitation pour loger le Centre de développement chorégraphique (CDC) du Val-de-Marne.

Rénovation, extension, surélévation, sont les maîtres mots du projet avec en toile de fond la préservation patrimoniale des structures et des volumes. Les travaux commencés en 2009 vont durer quatre ans et aboutir à l'aménagement de 3 500 m² de plancher.

Depuis la rue un grand porche moderne situé à l'extrémité du pignon ouest donne accès, sur la gauche à l'ancien bâtiment, et en face, à une nouvelle construction, perpendiculaire à l'ancienne, qui abrite une salle de spectacle de 180 places.

L'entrée vers l'ancien bâtiment ouvre sur un vaste hall d'accueil comprenant billetterie et cafétaria et menant à des bureaux et à des loges. Une longue coursive donne à l'arrière sur un jardin paysager conçu par la paysagiste Patricia Perrier dans l'angle des deux structures.

A l'étage supérieur sous la haute charpente sont aménagés trois magnifiques studios de danse. Les couleurs des murs de brique, des parois enduites, des parquets souples (montés sur des balles de tennis) et des plafonds se marient dans une parfaite harmonie.

La Briqueterie aujourd'hui dirigée par Sandra Neuveut est un exceptionnel lieu de production, de création et de diffusion d'œuvres chorégraphiques. Elle accueille et accompagne des chorégraphes en résidence, et produit ou coproduit des œuvres.

Elle est devenue le siège des Biennales de danse du Val-de-Marne, un festival de danse contemporaine organisée chaque année impaire.

La Briqueterie est ouverte du lundi au vendredi de 9h30 à 17h30. Des visites guidées sont organisées lors des journées du patrimoine.

71-La première gare voyageurs/le Nouveau Gare au Théâtre
Une bifurcation théâtre-halle.
13, rue Pierre-Sémard

La halle de déchargement de fret de Vitry occupée par le Nouveau Gare au Théâtre date de 1860. Elle avait été construite sur la ligne Paris-Orléans inaugurée en 1848 et n'avait été ouverte aux voyageurs qu'en 1869, à la fin du Second Empire.

Au début du 20° siècle un pont ferroviaire métallique (à l'entrée de la rue Pierre-Sémard) et la nouvelle gare centrale de Vitry sont construits en surplomb de la halle, pour protéger les voies des crues de la Seine et mieux accueillir les voyageurs. Bien que se réduisant au long du siècle, l'activité de fret est maintenue dans la halle jusque dans les années 1980.

En 1996, après des travaux de réhabilitation menés avec le soutien financier de l'État, de la Région et de la Ville, va s'installer la Compagnie de la Gare (une troupe qui utilisait déjà depuis une dizaine d'années le local voisin de l'ancien économat des cheminots).

Sous la charpente en bois de cette vaste halle de 1 800 m² plusieurs espaces sont organisés autour d'une salle principale entièrement modulable d'une capacité de 650 places. Sous la direction de Mustapha Aouar, qui a créé la compagnie théâtrale, Gare au Théâtre devient « un lieu de fabrique et de présentation d'Art vivant » qui accueille des compagnies théâtrales indépendantes et propose au public des ateliers et des spectacles de théâtre, de poésie, de danse et de musique...

La tempête de 1999 va emporter une partie du toit et entraîner le théâtre dans un conflit avec son propriétaire, la Sncf, qui conditionne la poursuite de l'activité culturelle à la mise en sécurité du public sur l'ensemble du site.

A la fin des années 2000, l'État, la Région, la Sncf, son successeur Rff, et l'Établissement public Orly-Rungis-Seine-Amont (Orsa) signent un nouveau contrat d'occupation avec la compagnie théâtrale alors que la halle est intégrée au projet des Ardoines une très importante opération d'aménagement de la région Ile-de-France menée par le cabinet Seura (Société d'Études d'Urbanisme et d'Architecture) et l'architecte David Mangin.

Depuis 2019 les co-directeurs Diane Landrot, Yan Allegret et leur projet artistique global Aiguillages sont à la manœuvre au Nouveau Gare au Théâtre pour le plus grand bonheur des Vitriots. De cet espace culturel dédié à la création émergente ils ont déclaré vouloir faire « un véritable lieu de vie, mêlant les logiques artistiques, sociales et citoyennes ».

Le lieu est ouvert tous les jours de 10h à 18h en semaine. En soirée, horaires variables selon les spectacles.

Val-d'Oise 95

Asnières-sur-Oise

72– L'usine Delacoste/le Domaine de Sophie
Déjouer les embûches et rejouer la partition.
La Croix Boissée – Angle Grande Rue et route de Royaumont

Asnières-sur-Oise est un bourg d'environ 3 000 habitants situé au sud-ouest du Parc naturel régional Oise-Pays de France. Dans les années 1960 l'entreprise Delacoste, installée au croisement des routes de Beaumont à Viarmes et d'Asnières à Royaumont, employait 600 personnes et occupait six hectares de terrain dont la moitié bâtis de pavillons ouvriers, de bâtiments administratifs et d'ateliers aux murs appareillés en briques rouges et moellons, dominés par trois hautes cheminées.

L'usine avait été fondée en 1840 par un fabricant de clous et de compas puis transférée une vingtaine d'années plus tard à un fabricant d'articles en caoutchouc qui passa rapidement de l'imperméable au jouet pour enfant. Devant le succès de son entreprise l'un de ses associés, monsieur Derolland, acheta des machines, augmenta la production, et confia à son neveu, un certain monsieur Delacoste, le destin de la manufacture. Elle resta dans le giron de la famille jusque dans les années 1970 après être devenue la plus importante usine française de jouets en caoutchouc et en plastique avec une production annuelle de 4 millions de pièces, complétée d'une rare activité de conception et de fabrication de ballons-sondes météorologiques.

Après la crise pétrolière de 1973 l'entreprise est rattachée au groupe Le Jouet Français jusqu'à son dépôt de bilan en 1981. Elle est reprise l'année suivante par le groupe Vullierme, créé en 1945 et déjà spécialiste du jouet premier âge, qui sera lui-même racheté par le groupe Alain Thirion en 1989, pour devenir la société Vulli. Cependant l'activité est délocalisée à Rumilly en 1993 au grand dam des salariés et de la commune d'Asnières. Le terrain est laissé en friche, les ateliers dégradés et même partiellement incendiés. Des fûts toxiques seront retirés en 1996 après de longs recours auprès de l'entreprise.

Il faudra plus de 20 ans pour voir aboutir le projet de reconversion.

Le terrain a été racheté par la commune avec le soutien de l'Établissement foncier du Val-d'Oise en 2009 avant d'être cédé au promoteur Nexity. Le projet architectural a été mené par le cabinet d'urbanisme L'Atelier Act Urba, et par le paysagiste Champ Libre en 2011 avant les opérations de dépollution des sols (désamiantage et dégazage notamment).

Depuis 2018 Le Domaine de Sophie occupe le nouveau quartier de La Manufacture sur les anciens terrains de l'usine. Son nom évoque le nom de Sophie la Girafe, un jouet de caoutchouc premier âge vendu à plus de 70 millions d'exemplaires à travers le monde depuis sa création en mai 1961 et toujours propriété de la société

Vulli. Le nord de la rue de Royaumont a fait l'objet de la construction de maisons individuelles et de petits immeubles (139 logements dont 59 appartements) accompagnés de quelques locaux commerciaux.

Le bâtiment administratif principal de l'usine à l'angle des deux routes a été complètement réhabilité en immeuble d'habitations. Les bâtiments de brique situés à l'arrière font partie d'une zone artisanale de petites industries.

L'accès du public à l'ancien bâtiment administratif n'est pas autorisé.

Cormeilles-en-Parisis

73– Le fort de Cormeilles
La citadelle des cinéastes.
1, route Stratégique

Le fort de Cormeilles a été construit entre 1874 et 1877. C'est le premier fort d'artillerie enterré édifié sur les plans du général Séré de Rivières* (qui venait d'être nommé directeur du Service du Génie au Ministère de la guerre) sur une colline alors complètement déboisée, offrant un panorama à 280 ° sur les alentours jusqu'à Paris. Cette place forte de 11 hectares, l'une des plus importantes de celles entourant la capitale, était dotée en 1879 de 64 pièces d'artillerie de différents calibres. Elle était soutenue par huit batteries placées sur les buttes du Parisis et reliées entre elles par la route Stratégique.

Le casernement principal permettait l'accueil de 1 095 soldats. Jusqu'à 36 officiers pouvaient loger dans un pavillon séparé, de belle architecture, doté d'un hôpital (l'ambulance) et d'une chapelle (ce qui est exceptionnel dans une telle structure militaire), faisant de cette citadelle un « fort témoin » pour les futures décisions de constructions de places fortes. C'est un fort dit « à cavalier », un imposant massif de terre qui le protège et qui permettait de placer l'artillerie plus haut que les murailles et d'ainsi allonger les tirs. Il comportait deux écuries (les chevaux assurant le transport des pièces lourdes comme certains canons jusqu'à 2,5 tonnes), deux magasins à poudre, une traverse abri, deux caponnières et une batterie qui assuraient la protection des fossés.

Il ne joua cependant quasiment aucun rôle durant la première guerre mondiale et fut occupé par une compagnie allemande durant la seconde.

En 1945 le fort dut subir d'importantes transformations pour devenir un camp de prisonniers de guerre puis un centre pénitentiaire de 1948 à 1956.

En 1962, il héberge les familles des militaires algériens engagés dans l'armée française et quelques harkis.

A partir de 1967 et pour une trentaine d'années, il va servir de centre d'entraînement commando avant d'être cédé à l'Agence Régionale des Espaces verts d'Île-de-France.

La gestion du site est confiée à l'Association des Amis du Fort de Cormeilles dont l'objectif est de sauvegarder et restaurer le patrimoine architectural militaire et faire vivre le site en organisant des visites commentées, des brocantes annuelles, la gestion du musée du fort, d'une boulangerie et d'une forge. Depuis 1966 de nombreux tournages de films ou de téléfilms ont eu lieu dans ces espaces exceptionnellement préservés comme La nuit des généraux (en 1967), L'armée des ombres (en 1969), Le sang des autres (en 1984), Les femmes de l'ombre (en 2008), un épisode de la série Un village français (en 2013), Chocolat (en 2015), La douleur (en 2017).

Le fort de Cormeilles a été labellisé Patrimoine d'intérêt régional en 2018 et lauréat de la Mission Patrimoine en Île-de-France confiée à Stéphane Bern en 2020. Grâce à cette reconnaissance, des travaux de réhabilitation de la caponnière de gorge située à l'entrée du fort ont été engagés. Les locaux serviront d'accueil à l'Association des amis du fort de Cormeilles et à d'autres services de l'agglomération du Parisis.

Visites guidées chaque 1° dimanche du mois à 15h.

Marines

74- Le silo à grains/le musée d'art conceptuel
Transmutation conceptuelle.
3, route de Bréançon

Le silo à grain de Marines a été construit en 1963 sur les plans du cabinet parisien Maurice Gerry, pour la coopérative agricole de la région de Pontoise (Carp) alors que la production de céréales du Vexin était en forte croissance.
Il s'agit d'un bâtiment fonctionnel en béton de 50 mètres de long, 19 mètres de large et 13 mètres de haut.
À l'avant, la tour des machines culmine à 22 mètres (élévateur, nettoyeur-séparateur, distributeur de niveau, transporteurs, aspirateurs et ventilateurs (cf : Le Silo Petite histoire du silo de Marines – Les Amis de Marines - 2012)). Elle est percée de 62 baies et dotée d'un large auvent surplombant une trémie de réception.
À l'arrière, une vaste nef de 45 mètres abrite 14 cellules de stockage de 3 000 quintaux chacune, couronnées de passerelles de circulation.
Lors du stockage le blé est élevé de la trémie au sommet de la tour, nettoyé par un effet de soufflerie, et réparti dans les cellules par un réseau de conduites horizontales.
Lors du déstockage le blé est libéré par des trappes de vidage, transporté sur des chaînes, et remonté vers le distributeur avant d'être déversé dans les camions d'expédition.
L'exploitation du silo a connu son apogée à la fin des années 1980. Cependant, d'année en année, les processus de stockage ont accumulé un retard

technologique notamment en matière de ventilation et de logistique qui a provoqué l'arrêt de l'activité en 2003.

C'est en 2007 que Françoise et Jean-Philippe Billarant découvrent le lieu et décident de l'acquérir (auprès de Cap Seine, le successeur historique de la Carp) pour installer et exposer leur collection d'art contemporain. Ils s'adressent à Dominique Perrault (l'architecte de la BNF), puis à Xavier Predine-Hug, un jeune architecte et ingénieur (qui collabora avec Philippe Starck), pour la transformation intérieure du site comprenant la création d'une verrière verticale sur toute la hauteur du bâtiment à l'arrière de la nef, la modification des deux portes d'entrée, et surtout la création d'un plancher intermédiaire dans la nef afin de doubler la surface d'exposition. Sur chacun des deux niveaux les anciens murs des cellules vont subir un « grignotage » créant ainsi le cheminement des visiteurs à travers les œuvres.

Le Silo ouvre au public en 2011. La collection de peintures, sculptures, installations diverses, « dans la ligne de l'art minimal, conceptuel et géométrique » selon les mots de Françoise Billarant, s'inscrit parfaitement dans le cadre brut de l'ancien silo et du paysage qui l'entoure. Parmi les artistes exposés, Krijn de Koning, Sol LeWitt, Richard Serra, Cécile Bart, Daniel Buren et Felice Varini, un peintre et plasticien qui inscrit ses réalisations sur les murs mêmes du musée en les rendant visibles d'un unique point de vue. Les expositions sont renouvelées tous les deux ans.

Les deux collectionneurs dans un esprit de partage et de dialogue sont toujours disponibles pour en donner les clés.

\# Les visites libres ne se font que sur rendez-vous.

Pontoise

75-Le hangar à bateaux
Le retour des canotiers.
45, quai Eugène-Turpin

Le charmant hangar à bateaux du quai Eugène-Turpin installé à quelques mètres de l'ancien chemin de halage contraste nettement avec l'immense bâtiment abandonné de la distillerie Hauguel qui lui fait face sur la rive gauche de l'Oise côté Saint-Ouen l'Aumône.

Cet espace de rangement pour canots surmonté d'une pièce au confort spartiate avait été construit en bois et sur pilotis au début du 20° siècle, au milieu d'un grand jardin de 4 500 m² relié à l'Oise par un ponton. La rivière alors bordée de guinguettes était très fréquentée par des pêcheurs, rameurs et autres plaisanciers, et des artistes peintres plus ou moins célèbres parmi lesquels Camille Pissarro.

Après avoir été longtemps louée et entretenue par des particuliers qui en avaient fait leur résidence de campagne la parcelle avait été scindée dans les années 1980 et des maisons construites autour du hangar.

Racheté par la ville en 2003 le hangar a fait l'objet en 2023 d'une large réhabilitation (notamment de la toiture en ardoise, d'une partie de la structure, des lambrequins (les frises en bois découpé en bordure de toit) et de la rambarde du balcon ainsi que d'une remise en peinture) grâce au soutien financier de la Fondation du Patrimoine (Mission Stéphane Bern), de la Région et de la ville de Pontoise, pour devenir un espace culturel et mémoriel ouvert au public, avec l'exposition d'anciens bateaux appartenant à l'association Pontoise Patrimoine.

L'inauguration du nouvel hangar a eu lieu le 21 septembre 2024. Sa visite devrait s'intégrer dans les parcours guidés de l'office du tourisme (parcours des impressionnistes) avant la création d'un passage piéton vers l'Oise et peut-être la reconstitution du ponton de l'époque.

\# Visites guidées lors des journées du patrimoine.

Valmondois

76 -Le moulin de la Naze/le musée de la Meunerie
Une maison qui prend l'eau.
15, rue Léon-Bernard

Au 19° siècle 140 moulins étaient en activité sur les quelques 200 Km de rivières du Vexin français. On en trouvait plus d'une vingtaine sur le Sausseron dont sept autour de Valmondois sur l'ancien territoire des princes de Conti. Attesté dès le Moyen Âge le moulin de la Naze (le nom du lieu-dit) était un moulin « banal » c'est-à-dire entretenu par le seigneur mais dans lequel les habitants étaient tenus d'apporter leur grain à moudre et de payer un droit de mouture.

Ce moulin avait la particularité de posséder deux roues. Il a été acquis et reconstruit par le prince de Conti en 1663 avec un haut niveau de technicité avant d'être racheté par plusieurs propriétaires dont le meunier Antoine Martel « à rente et à cens perpétuel » à partir de 1778 ; il restera dans sa famille durant plusieurs générations.

Modernisé, industrialisé et exploité aux 19° et 20° siècles le nouveau moulin Burgaud (nom de ses propriétaires d'alors) a cessé son activité en 1960.

Les bâtiments actuels progressivement construits aux 17°, 18° et 19° siècle, et dont une partie a été transformée en appartements, ont été acquis par la commune de Valmondois qui a inauguré le musée de la meunerie au rez-de-chaussée du moulin en 2004 avec le concours du ministère de la Culture, la région, le département et le parc naturel régional du Vexin français.

On y découvre, parfaitement restaurée, l'imposante roue de type Poncelet (dont la courbure particulière des aubes augmente le rendement) et les engrenages qu'elle entraîne. Une maquette animée montre le circuit du grain depuis le sommet du moulin où il est d'abord élevé au moyen d'un treuil, avant son filtrage, sa descente dans une trémie, le meulage et le tamisage en fonction des épaisseurs de farine.

Des salles d'expositions réservées à des artistes ou à la nature sont installées à l'étage.

L'histoire dit que c'est dans le moulin de la Naze que La Fontaine, un proche du prince de Conti, aurait imaginé sa fable Le meunier, son fils et l'âne.

\# Le musée est ouvert, en été seulement, les samedis de 14h à 18h et les dimanches de 10h à 12h et de 14h à 18h.

BIOGRAPHIES EXPRESS

Victor Baltard (1805-1874) : voir pages 16, 28, 29, 30, 81, 86, 104.

Pour ce fils d'architecte formé à l'école des Beaux-Arts de Paris dès 1824 (il sera Prix de Rome en 1833) le rapport de l'architecture aux arts décoratifs, à la peinture et à la sculpture est essentiel.

Il entre dans les services d'architecture de la Ville de Paris en 1842 et prend le poste d'architecte chargé des églises en 1849. Dix ans plus tard il est nommé directeur du Service d'architecture de la ville de Paris et gère une équipe de 25 architectes.

Baltard s'est rapidement spécialisé dans les constructions à ossatures métalliques dites industrielles, en brique, verre, fonte et acier, tels les pavillons des Halles, réalisés entre 1854 et 1870, le marché aux bœufs des abattoirs de la Villette, entre 1865 et 1867, et plusieurs autres marchés parisiens (Secrétan, La Chapelle).

La construction de l'église Saint-Augustin (1862-1871) et la restauration d'autres églises parisiennes (Saint-Germain l'Auxerrois, Saint-Eustache, Saint-Séverin, Saint-Etienne du Mont) lui ont donné l'occasion d'exercer sa passion de décorateur.

On lui doit également plusieurs tombes du cimetière du Père-Lachaise dont celles des peintres Jean-Auguste-Dominique Ingres (qu'il admirait) et de son élève Hippolyte Flandrin.

Auguste-Rodolphe Darblay (1784-1873) et Aymé-Stanislas Darblay (1794-1878) : voir pages 13 et 42.

Auguste-Rodolphe dit Darblay l'aîné et Aymé-Stanislas dit Darblay jeune étaient les fils de Simon Rodolphe Darblay, maître de la poste à chevaux d'Étréchy et meunier sur la Juine, aux moulins de Vaux et de Chagrenon.

Eux-mêmes furent maîtres de poste, avant d'être révoqués pour leurs opinions bonapartistes à la fin de l'Empire, puis meuniers et marchands de grains, industriels et députés de Seine-et-Oise : l'aîné, sous Louis-Philippe et sous la Seconde République, le cadet, sous Napoléon III.

A partir de 1830 ils louent les Grands Moulins de Corbeil aux hospices de Paris avant de les racheter en 1863. Ils perfectionnent le mécanisme d'entraînement des meules et augmentent la production grâce à des turbines hydrauliques et des machines à vapeur. Les deux frères vont racheter d'autres moulins jusqu'en posséder onze en France puis étendre leur influence à l'étranger, en Turquie, en Égypte et aux États-Unis.

Darblay l'aîné prend sa retraite en 1849 et passe le relais à son frère.

En 1867 Aymé-Stanislas rachète la papeterie d'Essonnes située au Moulin Galant au sud de Corbeil et crée, avec son fils Paul et son gendre, la société Darblay (qui deviendra la Société Anonyme des Papeteries Darblay). Ils vont en en faire l'une des plus importantes au monde en remplaçant le chiffon par la pâte à bois. En

1899 elle produisait 120 tonnes de papier par jour (source Philippe Cachau.e-monsite.com) soit environ 10% de la consommation française.

Gustave Eiffel (1832-1923) : voir pages 45 et 49.

Diplômé à 23 ans de l'École centrale des arts et manufactures de Paris et très tôt spécialisé dans la construction de ponts métalliques à l'image du long pont Saint-Jean à Bordeaux réalisé en 1858 et qui va faire sa réputation, Gustave Eiffel crée sa société en 1866 en rachetant des ateliers de constructions métalliques à Levallois-Perret.

A ce célébrissime ingénieur et industriel qui a su s'entourer de collaborateurs de haut niveau on doit la conception de dizaines de charpentes métalliques en France et à l'étranger : structures de gares, phares, passerelles, ponts et viaducs dont le pont ferroviaire aujourd'hui désaffecté du Douro à Porto (1877), le viaduc de Garabit (1884), la structure de la statue de la Liberté de New-York (1886) et bien sûr la tour dont la hauteur initiale était de 312 mètres et qui porte son nom à Paris (1889).

A la fin des années 1880 Eiffel se lance dans la construction des écluses du canal de Panama. Le scandale financier et la banqueroute de la Compagnie du Panama en 1889 vont rejaillir sur sa personnalité et sa carrière. L'ingénieur condamné à deux ans de prison et 20 000 francs d'amende pour abus de confiance avant d'être innocenté va abandonner la construction, tenter de donner une utilité à sa tour alors destinée à être détruite, et se consacrer à des recherches expérimentales dans les domaines de la météorologie et de l'aérodynamisme qui aboutiront à la création de deux soufflerles dont l'une existe encore rue Boileau à Paris.

Eugène Freyssinet (1879-1962) : voir pages 8 et 21.

L'inventeur du béton précontraint se disait constructeur. Il est né en Corrèze dans une famille de fermiers/meuniers et passe son enfance à observer le travail des artisans locaux : charpentiers, forgerons, menuisiers... Diplômé de polytechnique et ingénieur des ponts et chaussées, il commence à s'intéresser à la technique du béton armé, en constate les inconvénients et propose les évolutions nécessaires : basiquement moins d'armatures dans des structures dont la forme modifiée assure la stabilité des ouvrages.

Après la première guerre mondiale et alors que l'acier manque, il va bâtir en béton des structures d'usines ou d'entrepôts et des ponts dont certains vont battre des records mondiaux de longueur.

On lui doit notamment à cette époque la construction du pont de la Libération à Villeneuve-sur-Lot, des hangars dans le Cher et à Orly, le pont Albert-Louppe entre Plougastel et Brest (aujourd'hui désaffecté) et la halle Freyssinet.

A la fin des années 1920 il réfléchit sur l'idée de la pré-compression du béton qui l'obsède depuis longtemps et dépose en 1928 le brevet relatif au béton précontraint. Dans ce modèle (qui sera encore amélioré en 1939 avec la méthode de précontrainte par post-tension) les armatures sont tendues avant le coulage du béton pour améliorer sa résistance à la flexion.

Le succès industriel du procédé est compromis par la crise économique de 1929 mais finalement sauvé en 1934 lorsqu'il est fait appel à Freyssinet pour la consolidation de la gare maritime transatlantique du Havre dont la récente construction s'avère calamiteuse. La précontrainte va alors s'imposer auprès des entrepreneurs du bâtiment.

En 1943 Freyssinet s'associe avec l'entrepreneur Edme Campenon pour créer la Société pour l'utilisation de la précontrainte (STUP). Devenue société Freyssinet elle appartient aujourd'hui au groupe Vinci.

Paul Friesé (1851-1917) : voir pages 13, 14, 36, 42, 43, 44, 63.

Durant ses années d'études à l'École des beaux-arts le jeune Paul Friesé, fils d'un ébéniste alsacien exilé à Paris après la guerre de 1871, est employé comme sous-inspecteur des bâtiments au Louvre et sous-inspecteur des travaux à la Chambre des députés.

A 32 ans il devient inspecteur de travaux de l'École centrale des Arts et Manufactures et commence sa carrière d'architecte avec la construction de villas et d'immeubles, tout en assurant la maîtrise d'œuvre des lycées de Roanne et de Saint-Etienne. En 1885 il s'associe avec l'architecte Jules Denfer dont il reprendra l'agence en 1891.

Dès lors il va se lancer dans la conception d'usines électriques à Clichy (1889), à Paris (sur le quai de Jemappes en 1895), à Asnières-sur-Seine (1899)..., finaliser la construction de la tour des silos des Grands Moulins de Corbeil (1893), développer l'usines Springer de Ris-Orangis, construire l'usine de générateurs électriques Schneider de Champagne-sur-Seine (1901), les sous-stations du métro parisien (à partir de 1903), et réaliser des projets prestigieux d'immeubles d'habitation aux Champs-Élysées et à Neuilly-sur-Seine, ou sociaux : dispensaire, sanatorium, habitat social à Mulhouse (1905-1913),

Ses conceptions architecturales soignées et la variété de ses réalisations présentées dans des salons et dans des publications spécialisées feront sa réputation.

Resté proche des milieux militaires et devenu interprète de l'armée grâce à sa connaissance de l'allemand il obtient le grade de capitaine. Il meurt sur le front au Chemin des Dames à l'âge de 66 ans.

François Hennebique (1842-1921) : voir pages 47 et 82.

François Hennebique, originaire du village pas-de-calaisien de Neuville-Saint-Vaast et fils d'un marchand colporteur, est considéré comme l'inventeur de la construction en béton armé.

A l'âge de 18 ans il devient maçon et fonde sa première entreprise de construction et de restauration des églises et bâtiments des alentours.

En 1867 il découvre le brevet d'un certain Joseph Monier qui imagina l'usage d'un treillis métallique dans la construction de pots et de bacs à fleurs. Cette année-là il s'installe en Belgique (où il restera 20 ans) et commence à appliquer à la construction de bâtiments un dispositif mariant le fer et le béton, qu'il va expérimenter, développer, et qu'il fera finalement breveter en 1892 sous le nom de « Combinaison particulière du métal et du ciment en vue de la création de poutraisons très légères et de haute résistance. » Ce procédé repose essentiellement sur l'étrier, une pièce métallique en forme de « U » entourant les tiges du ferraillage pour en assurer le maintien. Il rend ainsi solidaires poteaux et poutres de béton armé de manière à produire une pièce monolithique. » (cf : Cité de l'architecture Architectes français à Berlin au 20° siècle). Deux autres dépôts de brevets suivront en 1893 et 1897.

Devenu ingénieur conseil François Hennebique va se consacrer à l'exploitation de ses brevets. Il passe des contrats avec des entreprises de construction en vue de réalisations parfois prestigieuses dans le Nord, à Paris (Magasins du Bon Marché, Petit et Grand Palais), à Nantes ou à Nice, et diffuse son procédé à l'étranger notamment en Suisse et en Allemagne (École des beaux-arts et de musique de Berlin). Il organise des congrès annuels d'entrepreneurs et créé en 1898 une revue spécialisée : Le Béton armé.

Alors que le 20° siècle vient de commencer, le système Hennebique est utilisé dans la construction du premier pont en béton armé de France à Châtellerault, à la villa Majorelle à Nancy, pour l'immeuble Les Chardons à Paris 16°, et pour l'édification de la gare de Metz et de son château d'eau.

Reconnu à l'étranger, son procédé va permettre l'édification de sites grandioses en Égypte, en Belgique, en Angleterre et en Italie (pont du Risorgimento à Rome et reconstruction du campanile de Saint-Marc à Venise).

Au début de la première guerre mondiale son entreprise participe à la construction de milliers de bâtiments, immeubles, stades et ponts dont certains sont encore en service de nos jours. Elle compte alors 127 agents commerciaux et 491 concessionnaires exclusifs dans 38 pays (cf : Association française de Génie civil).

La reconstruction de l'après-guerre va propulser la société d'Hennebique qui va gérer plusieurs dizaines de milliers de contrats d'exploitation.

Sa villa personnelle et familiale de Bourg-la-Reine a été édifiée entre 1901 et 1903. Sa construction très originale faite de décrochements, saillies et encorbellements, dominée par une tour minaret à réservoir d'eau, de quarante mètres de hauteur, était censée montrer à ses clients les possibilités illimitées du béton armé. Elle a été classée en 2014.

Jules de Mérindol (1815-1888) : voir pages 10 et 30.

Jules de Mérindol est né à Milan. A partir de 1836 il suit les cours de Antoine-Marie Peyre à l'École des beaux-arts de Paris, section architecture. C'est un artiste dessinateur et un historien.

Architecte des monuments historiques en 1845 il devient architecte diocésain de Poitiers trois ans plus tard puis rapporteur à la commission des arts et édifices religieux de 1849 à 1853.

Il a participé à la restauration de plusieurs églises et abbayes dont celle de Fontgombault dans l'Indre (classée dès 1863), celle de la collégiale Saint-Pierre de

Chauvigny dans la Vienne et à la construction d'autres édifices religieux à Paris, dans le Cher et en Indre.

A quelques kilomètres de Poitiers, la vaste et très lumineuse église Saint-Blaise de Bélâbre, construite entre 1851 et 1853, est la seule en France à avoir été conçue et réalisée entièrement par ses soins.

A Paris, le marché du Temple en 1863, le marché saint-Honoré en 1865, la halle aux Bœufs de la Villette entre 1865 et 1867 et la salle aujourd'hui détruite de l'Athénée-Comique rue Scribe en 1867, demeurent ses plus importantes réalisations.

Souvent inspiré par Baltard* pour la construction de halles métalliques, il a également collaboré avec Viollet-le-Duc pour la restauration d'édifices médiévaux parmi lesquels la Basilique Saint-Étienne de Neuvy-Saint-Sépulchre.

Raymond Adolphe Séré de Rivières (1815-1895) : voir pages 39, 60, 78, 95.

Celui qu'on appelle Le Vauban du 19° siècle est né à Albi dans une famille de la noblesse tarnaise.

Il passe ses étés d'enfance chez une tante imprégnée des idées rousseauistes dans le petit village de Rivières et accomplit ses études à Paris et au collège Royal de Toulouse avant d'entrer à polytechnique en 1835. A 22 ans il se retrouve élève sous-lieutenant à l'École d'application de l'Artillerie et du Génie de Metz où il découvre le principe des fortifications.

Devenu lieutenant en 1841, puis capitaine deux ans plus tard après avoir participé à la campagne d'Algérie, il est nommé à la chefferie de Toulon où il fait ses premiers pas dans l'art de la fortification, puis participe à la guerre d'Italie en 1859 avant de faire construire ses premiers forts, notamment à Nice, avant la guerre franco-prussienne de 1870 durant laquelle il est nommé général de brigade. Après avoir joué un rôle actif pour les Versaillais durant la Commune de Paris Séré de Rivières devient en 1874 directeur du Service du Génie au Ministère de la guerre. Il va y rester 6 ans. Sa mission sera de construire une ligne de défense allant de Lille à Nice et Toulon en passant par Verdun, la Lorraine, le Jura et les Alpes ainsi qu'une ceinture de protection pour Paris et de Lyon. Il va devenir ainsi l'artisan de la construction de plus de 400 ouvrages de fortifications.

Le système de défense qui a pris son nom consistait en la création de forts polygonaux enterrés placés stratégiquement autour des villes ou entre deux villes. Après la modernisation des ouvrages au début du 20° siècle, les allemands le qualifieront de « barrière de fer ».

Georges Wybo (1880-1943) : voir pages 19 et 48.

Avant de construire le casino de Deauville inauguré en 1912 ce fils de bijoutier parisien a suivi durant une dizaine d'années, et par périodes, les cours de l'École des beaux-arts de Paris dans l'atelier du célèbre architecte Victor Laloux sans obtenir de diplôme. Il a régulièrement participé aux salons de la Société de Beaux-Arts, réalisé le mausolée de Caran d'Ache à Clairefontaine-en-Yvelines, érigé une stèle mémorielle monumentale à Ris-Orangis, établi les plans d'une villa près de Trouville et construit un théâtre de verdure dans le sud de la France.

Dans un style mêlant l'Art déco, le mouvement moderne, et l'architecture régionaliste, il va construire durant une vingtaine d'années une série ininterrompue d'édifices prestigieux.

Dès 1912 il remplace feu René Binet l'architecte en chef des magasins du Printemps et conçoit le Printemps de Deauville.

En 1916 il bâtit des bâtiments administratif et l'usine d'obus du quai de Javel avant de se lancer dans la construction du bâtiment principal des Grands Moulins de Paris de 1917 à 1921.

En 1923 il reconstruit le nouveau magasin du Printemps Haussmann (réalisé par René Binet) ravagé par un incendie et participe à la construction du Royal hôtel de Deauville (avec Théo Petit).

On lui doit enfin la construction en 1928 de l'hôtel George V (en collaboration), en 1929 de l'hôtel du Golf de Deauville, entre 1929 et 1931, du nouveau théâtre des Ambassadeurs aux Champs-Élysées et les années suivantes de plusieurs magasins de la chaîne Prisunic et d'immeuble de logements à Paris.

**Reichen et Robert : voir pages 31, 48, 63, 70, 73.

TABLEAUX DE SYNTHÈSE

RECONVERSIONS INDUSTRIELLES

A l'origine	activité initiale	années dernières reconversion avant 1980	dernières reconversion de 1980 à 1999	dernières reconversion après 2000	dernier domaine d'activité	reconversion d'usine ou d'entrepot avec continuation de l'activité economique	reconversion vers un autre domaine	transformation de grande ampleur	De nos jours
4 – L'usine électrique du quai de Jemmapes	Usine	X			industrie	X			Exacompta : papeterie
44 - L'usine de jouets Dreyfuss et Ries au Lilas	Usine	x			autres	x			Petites industries et artisanat. Centre culturel.
66-L'usine élévatoire des eaux Ivry I	Usine	x			entrepôt	x			Dépôt d'œuvres d'art
6 – L'usine Spring Court	Usine		x		bureaux	x			Spring court : Agences diverses
42 - L'usine Johnson de La Courneuve	Usine		x		bureaux	x			Bureaux administratifs de la Courneuve. Projet Pôle Sup'93'
57-L'imprimerie Chaix à St Ouen	Imprimerie		x		bureaux	x			Cap St Ouen
37 - La distillerie Clacquesin à Malakoff	Distillerie		x		Evénementiel		x		Clacquesin : événementiel
46 - L'usine de pelleterie Chapal à Montreuil	Usine		x		logements		x		Logements ateliers et entrepôts
59-La Maison Raspail à Arcueil	Distillerie		x		culture		x		Anis Gras Le Lieu de l'Autre
61-La manufacture de maroquins Fauler à Choisy-le-Roi	Usine		x		culture		x		Ateliers d'artistes et théâtre
64-La manufacture des œillets à Ivry	Usine		x		culture		x		Théâtre et expositions
65-L'usine Saint-Raphaël à Ivry	Usine		x		entrepôt	x			Bluespace stokage
5 - La sous-station Voltaire.	centrale d'énergie		x		culture		x		Le Consulat : culture alternative
7 – La Maison Couesnon.	usine		x		culture		x		Maison des Métallos : établissement culturel
28 – La Tuilerie de Treuzy-Levelay	Usine		x		culture		x		La Tuilerie : lieu de mémoire
32 - La distillerie-malterie Springer de Ris-Orangis	Distillerie		x		logements		x		Ensemble de logements
33 - La soufflerie Hispano-Suiza à Bois-Colombes	Soufflerie		x		enseignement		x		Ecole primaire La Cigogne
40 - L'imprimerie du Journal L'Illustration à Bobigny	Imprimerie		x		enseignement		x		Université Paris XIII
50 – La chaudronnerie Lebel à Pantin	Chaudronnerie		x		culture		x		Galerie Thaddaeus Ropac
52 – La manufacture de meubles Louis à Pantin	Usine		x		logements		x		Relais administratif et logements
53 – La manufacture Christofle à St Denis	Usine		x		culture		x		Ateliers d'artistes
72– L'usine Delacoste à Asnières sur Oise	Usine		x		logements		x		Domaine de Sophie
76 -Le Moulin de la Naze à Valmondois	Minoterie		x		culture		x		Maison de la meunerie
36 - Les entrepôts du Printemps à Clichy	entrepot		x		bureaux			x	Amazon France : siège social
49 – Les Magasins Généraux de Pantin	entrepot		x		bureaux			x	Siège de BETC
31 - Les Grands Moulins de Corbeil	Minoterie		x		autres			x	A venir : maintien d'activité + logements commerces
45 - L'usine de papiers peints Dumas à Montreuil	usine		x		bureaux			x	Siège d'Orange et lycée privé
56 – La centrale thermique Saint-Denis II	centrale d'énergie		x		industrie			x	Cité du cinéma
23 – Les Magasins Généraux du Pont de Flandre	entrepot		x		bureaux			x	Campus business
9 – L'usine d'air comprimé du quai de la Gare.	Usine		x		enseignement			x	Ecole nationale d'architecture
11 – Les Grands Moulins de Paris.	Minoterie		x		enseignement			x	Université Paris Descartes
14 – L'usine Panhard & Levassor	Usine		x		bureaux			x	Bureaux Sncf Gares et Connexions
15 – L'Imprimerie nationale.	Imprimerie		x		bureaux			x	Ministère du commerce extérieur
16 – L'usine des eaux d'Auteuil	Usine		x		bureaux			x	Maison de l'Europe
24 – Les moulins à papier de Boissy-le-Châtel	Imprimerie		x		culture			x	Gallerie Continua
27 – L'usine de papiers peints Leroy à St Fargeau	Usine		x		culture			x	Espace 26 : expositions et lieu de mémoire
30 – La halle Sulzer à Mantes	Usine		x		autres			x	A venir IUT/ pôle culturel/commerces
34 - L'usine d'aviation Dewoitine à Châtillon	Usine		x		logements			x	Immeuble d'habitations en cours
38 - Le Hangar Y à Meudon	Soufflerie		x		culture			x	Hangar Y : expositions parc de loisirs
39 - La Papeterie du 'Petit Parisien' à Nanterre	Imprimerie		x		bureaux			x	Campus Arboretum
41 - L'usine Mécano de La Courneuve	Usine		x		culture			x	Médiathèque Aimé Césaire
48 – Les Grands Moulins de Pantin	Minoterie		x		bureaux			x	BNP Paribas Securities Services
69 – La minoterie Groult à Vitry	Minoterie		x		culture			x	Écoles municipales artistiques
70 – La briqueterie de Gournay à Vitry	Briquetterie		x		culture			x	Centre de Chorégraphie

AUTRES RECONVERSIONS

A l'origine	activité initiale	années dernieres reconversion avant 1980	dernieres reconversion de 1980 à 1999	dernieres reconversion après 2000	dernier domaine d'activité :	reconversion vers un autre domaine	transformation de grande ampleur	De nos jours
67– Le pavillon Baltard à Nogent	Marché des Halles de Paris	x			culture	x		Pavillon d'expositions et de spectacles
68 – La Cartoucherie de Vincennes	Cartoucherie		x		culture	x		Théâtres
20 – La halle Saint-Pierre	Marché		x		culture	x		Halle Saint-Pierre
22 – La Cité du Sang	Abattoirs		x		culture	x		Grande halle de la Villette
26 – La ferme du Buisson à Noisiel	Ferme		x		culture	x		Ferme du Buisson : établissement à vocation culturelle
12 - Les Frigos.	Entrepot friogorique de la Sncf		x		culture	x		Les Frigos : ateliers d'artistes
71-La première gare voyageurs à Vitry	gare de voyageurs		x		culture	x		Nouveau Gare au Théâtre
55 – La Maison des Arbalétriers	Séchoir		x		commerce	x		café restaurant
8 – Les entrepôts de Bercy	Marché		x		commerce		x	Parc de loisirs et commerces de Bercy village
2 – La gare d'Orsay.	gare		x		culture		x	Musée d'Orsay
25 – La prison de Coulommiers	Prison			x	culture	x		Médiathèque
35 – La buanderie de l'hospice Ferrari à Clamart	Buanderie d'hôpital			x	culture	x		La Buanderie-Anne Capezzuoli : médiathèque
54 – L'immeuble de l'Humanité à St Denis	Imprimerie de journal			x	bureaux	x		Administration régionale
63-Le Gaîté-Palace à Gentilly	Cinéma			x	culture	x		Centre d'art et de création
74- Le silo à grains à Marines	Silo			x	culture	x		Musée privé
75-L'ancien hangar à bateaux à Pontoise	Hangar à bateaux			x	culture	x		espace mémoriel
1 - Le Carreau du Temple.	Marché			X	culture	X		Carreau du Temple : espace polyvalent sportif et culturel
62-La halle Roublot à Fontenay-sous-Bois	Marché			x	culture	x		Théâtre et expositions
10 – La caserne de Lourcine	Caserne			x	enseignement	x		Université : campus Port-Royal
29 - La Redoute de Bouviers à Guyancourt	Fort			x	culture	x		Batterie de Bouviers : concerts et école de musique
47 – Le fort de Villiers à Noisy-le-Grand	Fort			x	autres	x		Projet de rénovation en espace associatif
60-Le fort de Champigny à Chennevières	Fort			x	culture	x		Fort et parc de promenade
73– Le fort de Cormeilles en Parisis	Fort			x	culture	x		Musée - Tournage de films
13 – La halle Freyssinet.	Entrepôt de messageries de la Sncf			x	bureaux	x		Station F : incubateur de start-up
17 – La gare Boulevard d'Omano	gare de la PC			x	commerce	x		La Recyclerie : Café restaurant
18 – La Gare des Mines.	gare de fret			x	culture	x		La Station Gare des Mines : Culture alternative
51 – La gare de Pantin marchandises	gare de fret			x	culture	x		La Cité fertile
3 – Le magasin des faïenceries Boulanger	Magasin d'usine			x	enseignement	x		Albert school
43 - L'aérogare historique du Bourget	Hall d'aérogare			x	culture	x	x	Musée de l'Air et de l'Espace
58-Chinagora à Alfortville	Centre d'échanges économiques et hôtel			x	autres	x	x	Hôtel Chinagora
19 – Les messageries des Chemins de fer de l'Est	Entrepôt de messageries de la Sncf			x	culture	x	x	Halle Pajol

Principale Sources :

Ministère de la Culture, base Mérimée : POP : la plateforme ouverte du patrimoine : https://pop.culture.gouv.fr/
Pss-archi : https://www.pss-archi.eu/
Région Île-de-France : https://www.iledefrance.fr/
Openeditions : https://journals.openedition.org/
Comité d'information et de liaison pour l'archéologie, l'étude et la mise en valeur du patrimoine industriel (CILAC) : https://www.cilac.com/
Cairn.info : https://shs.cairn.info/
Archives de Paris : https://archives.paris.fr/
Atlas de l'architecture et du patrimoine : httpas//patrimoine.seinesaintdenis.fr
Val-de-Marne Tourisme et Loisirs : https://www.tourisme-valdemarne.com/
« La reconversion du patrimoine industriel en Île-de-France. Approche typologique », publié dans : *Rénover, réutiliser, reconvertir le patrimoine*, actes du colloque régional des 15 et 16 septembre 2014, Paris, Région Île-de-France, Somogy Editions d'Art, 2015, par Nicolas Pierrot, Ingénieur au Service Patrimoines et Inventaire Région Île de France.
https://www.iledefrance.fr/sites/default/files/2023-09/La%20reconversion%20du%20patrimoine%20industriel_V5_BD.pdf

Remerciements :

Je remercie infiniment toutes les personnes qui m'ont apporté avec une extrême gentillesse les précisions nécessaires à la préparation de ce livre.

Une pensée particulière à Joséphine Coulomb pour sa relecture attentive et ses conseils.

Toute ma reconnaissance enfin à Alain Cieutat, architecte et professeur associé de l'université Paris VIII, qui m'a conseillé et donné de nombreuses informations complémentaires d'importance pour le finaliser.